Die französischen Verben
Nachschlagewerk

von
Otto-Michael Blume

Ernst Klett Verlag
Stuttgart · Leipzig

Die französischen Verben
Nachschlagewerk

1. Auflage 1 5 4 3 2 1 | 13 12 11 10 09

Alle Drucke dieser Auflage sind unverändert und können im Unterricht nebeneinander verwendet werden. Die letzte Zahl bezeichnet das Jahr des Druckes.
Das Werk und seine Teile sind urheberrechtlich geschützt. Jede Nutzung in anderen als den gesetzlich zugelassenen Fällen bedarf der vorherigen schriftlichen Einwilligung des Verlages. Hinweis § 52 a UrhG: Weder das Werk noch seine Teile dürfen ohne eine solche Einwilligung eingescannt und in ein Netzwerk eingestellt werden. Dies gilt auch für Intranets von Schulen und sonstigen Bildungseinrichtungen. Fotomechanische oder andere Wiedergabeverfahren nur mit Genehmigung des Verlages.

© Ernst Klett Verlag GmbH, Stuttgart 2009. Alle Rechte vorbehalten. www.klett.de

Autor: Otto-Michael Blume, Hilden

Redaktion: Thomas Eilrich
Herstellung: Sven Thamphald

Gestaltung: Satzkiste GmbH, Stuttgart
Umschlaggestaltung: Stefanie Kaufhold, Berlin
Druck: Druckhaus Götz GmbH, Ludwigsburg

Printed in Germany
ISBN 978-3-12-523706-3

Inhaltsverzeichnis

Einführung 4

Konjugationstabellen 11
Die unregelmäßigen Verben *avoir* und *être* 11
Die Verben auf *-er*: ein Stamm im Präsens 13
Die Verben auf *-er*: zwei Stämme im Präsens 16
Die Verben auf *-er*: Besonderheiten im Schriftbild 22
Die Verben auf *-dre* 27
Die Verben auf *-ir* mit Stammverkürzung 28
Die Verben auf *-ir* mit Stammerweiterung 32
Unregelmäßige Verben auf *-er* 33
Unregelmäßige Verben auf *-re* 35
Unregelmäßige Verben auf *-ir* 67
Unregelmäßige Verben auf *-oir* 77

Alphabetische Verbliste 87

Einführung

Willkommen in dem Lernbuch **Die französischen Verben**, das genau auf Ihre Bedürfnisse als Schülerin oder Schüler der Sekundarstufe zugeschnitten ist, das Sie aber auch im Studium und im Berufsleben mit Gewinn und Erfolg weiter benutzen können.

« *Une phrase sans verbe ressemble à une voiture sans moteur. Une voiture n'existe que pour rouler, une phrase aussi. Le verbe, justement, c'est le moteur.* »[1] Da das Verb eine so zentrale Funktion im Satz ausfüllt, ist es für Sie ungemein wichtig, dass Sie möglichst all seine Formen, seine Besonderheiten und Unregelmäßigkeiten am besten vollständig kennen und anzuwenden wissen. Doch, *hélas*, unser Gedächtnis lässt uns alle bisweilen im Stich; in anderen Fällen kennen wir ein Verb vielleicht noch gar nicht und wissen nichts mit ihm anzufangen.

In solchen Momenten ist dieses Buch die Rettung, die Hilfe, die Sie benötigen. Sie können in ihm unbekannte oder auch nur vergessene Konjugationen nachschlagen und die Bedeutung aller wichtiger Verben überprüfen. Legen Sie es einfach immer auf Ihren Arbeitstisch und nutzen Sie es als Nachschlagewerk, wann immer Sie es benötigen – Sie finden dort die Antworten auf Ihre Fragen.

Sie können das Buch aber auch zum Lernen nehmen und sich systematisch nach und nach die verschiedenen Konjugationsmuster einprägen – dann werden Sie in Zukunft weniger nachschlagen müssen und wertvolle Zeit sparen. Sie erweitern so zunehmend Ihre Kompetenzen im Bereich der korrekten Sprachanwendung, machen weniger Fehler und gelangen über kurz oder lang auch zu besseren Beurteilungen.

Der Aufbau des Buches

Im Anschluss an diese Einführung finden Sie in übersichtlicher Tabellenform einen Überblick über alle die **Verbkonjugationen** (S. 11–86), die für Sie in der Schule, insbesondere in der gymnasialen Oberstufe wichtig sind. Im Gegensatz zu anderen ähnlich erscheinenden Produkten, orientiert sich die Konzeption dieses Verbenlernbuchs an Ihren spezifischen Bedürfnissen. Exotische Konjugationen, mit denen Sie weder im Unterricht noch in der Sprachanwendung in frankofonen Ländern etwas zu tun haben werden, wurden nicht aufgenommen. In gleicher Weise finden sich in den Tabellen auch nur die Zeiten und Modi, die für Ihre Kommunikationssituationen in und außerhalb von Schule bedeutsam sind (nähere Informationen s. u.). So helfen Ihnen die Konjugationsschemata, Ihre **mündliche und schriftliche Kompetenz** im Klassenraum wie auch im Kontakt mit frankofonen Partnern zu erhöhen.

Stellen die Verbtabellen den einen wichtigen Teil dar, ist die sich anschließende **alphabetische Verbliste** das zweite Herzstück dieses Nachschlagewerks. Wir haben uns intensiv Gedanken gemacht, welchen Verben Sie realistischerweise in Ihrer Schulzeit und vielfach auch danach begegnen könnten, und die Orientierung an Ihren Bedürfnissen zur Leitlinie unserer Auswahl erhoben. Die Konzentration entsprechend den Kriterien von Frequenz und Nutzwert in der gymnasialen Oberstufe reduziert die Gesamtmenge auf rund 2000 Verben (auch in Frankreich geht man von maximal 2000 geläufigen Verben aus) und erhöht damit zugleich die **Bedienungsfreundlichkeit** des Buches enorm: Sie werden das von Ihnen gesuchte Verb in der Regel blitzschnell finden. Natürlich kann es durch den sinnvollen Verzicht auf Vollständigkeit in Einzelfällen dazu kommen, dass Sie ein seltenes, im Kontext Schule vollkommen exotisches Verb nicht finden. In diesem Fall hilft Ihnen ein mächtiges zweisprachiges oder einsprachiges Wörterbuch weiter.

---

[1] Patrick Rambaud, *La grammaire en s'amusant*, Grasset, Paris 2007.

Einführung

Die Verbtabellen

Die Verbtabellen sind stets nach dem gleichen Prinzip aufgebaut. Das Beispiel *regarder* soll dieses Grundschema veranschaulichen, wobei wir die Tabelle hier gekürzt und das Verb nicht in allen Zeiten mit allen Personalformen durchkonjugiert haben (vollständige Tabelle → S. 13).

Die Verben auf *-er*: ein Stamm im Präsens

3 regarder (anschauen, betrachten)

Présent		Passé composé	
je regard**e**	nous regard**ons**	j'**ai** regard**é**	nous avons regardé
Impératif		**Futur composé**	
Regard**e**… Regard**ons**… Regard**ez**…		je **vais** regarder	nous allons regarder
Imparfait		**Plus-que-parfait**	
je regard**ais**	nous regard**ions**	j'**avais** regard**é**	nous avions regardé
Futur simple		**Futur antérieur**	
je regarder**ai**	nous regarder**ons**	j'**aurai** regard**é**	nous aurons regardé
Conditionnel présent		**Conditionnel passé**	
je regarder**ais**	nous regarder**ions**	j'**aurais** regard**é**	nous aurions regardé
Subjonctif présent		**Subjonctif passé**	
que je regard**e**	que nous regard**ions**	que j'**aie** regard**é**	que nous ayons regardé
Passé simple		**Passé antérieur**	
il regard**a**	ils regard**èrent**	il **eut** regard**é**	ils eurent regardé
Participe présent		**Gérondif**	
regard**ant**		en regard**ant**	

- Dieses Konjugationsmuster gilt für die überwiegende Mehrheit der Verben auf *-er*, die ca. 90 % der Gesamtheit der französischen Verben ausmachen.
- Alle Verben auf **-er** haben im **Präsens** die Endungen *e, es, e, ons, ez, ent*, von denen nur die Endungen *ons* [õ] und *ez* [e] ausgesprochen werden.
- Bei Verben wie **écouter** oder **habiter**, die mit einem Vokal bzw. einem stummen *h* beginnen, wird *je* in den einfachen Zeiten apostrophiert: ***j'écoute***, ***j'habitais***.
- Die meisten Verben auf *-er* bilden das **Passé composé** und die anderen zusammengesetzten Zeiten (außer dem *Futur composé*) mit **avoir** und dem **Participe passé** des Verbs (auf **-é**).
- Die Endungen des **Futur simple** und des **Conditionnel présent** werden an das **-r** des **Infinitivs** angehängt.

Einführung

Alle Verbtabellen sind **Unterkapiteln** zugeordnet, um so ihre Zugehörigkeit zu verschiedenen **Konjugationsgruppen** zu verdeutlichen. Dabei haben wir die **regelmäßigen Verben** in drei ihnen ja längst bekannten Großgruppen gesammelt: Verben auf **-er** (→ Ziffern 3–16), auf **-dre** (→ 17) und auf **-ir** (→ 18–22); die Zugehörigkeit zu einer Gruppe erkennen Sie immer an der blauen Kopfzeile in Fettdruck. Die **unregelmäßigen Verben** haben wir ebenfalls in entsprechenden Abschnitten zusammengefasst: Unregelmäßige Verben auf **-er** (→ 23–24), auf **-re** (→ 25–56), auf **-ir** (→ 57–66). Hinzukommen hier noch unregelmäßigen Verben, die alle auf **-oir** enden (→ 67–76). Ganz am Anfang stehen die beiden Tabellen für die in den zusammengesetzten Zeiten zentralen **Hilfsverben** *avoir* und *être*. Bei dem Beispiel *regarder* handelt es sich demnach um die *Gruppe 1*, die der *Verben auf –er*, und innerhalb dieser Großgruppe um die *Verben mit einem Stamm im Präsens*.

Die Tabellen selbst sind immer so konzipiert, dass in der **linken Spalte** die **einfachen Zeiten** stehen, also die, die ohne ein Hilfsverb gebildet werden. In der **rechten Spalte** werden alle **zusammengesetzten Zeiten** durchkonjugiert, also die Zeiten, die eines der Hilfsverben *avoir*, *être* oder *aller* zur Bildung benötigen. Wir haben darauf geachtet, dass den Zeiten auf der linken Seite, *Présent*, *Imparfait*, *Futur simple*, *Conditionnel présent*, *Subjonctif présent* und *Passé simple* ihre zusammengesetzten Entsprechungen *Passé composé*, *Plus-que-parfait*, *Futur antérieur*, *Conditionnel passé*, *Subjonctif passé* und *Passé antérieur* genau gegenüberstehen. In den beiden letzten Tabellenzeilen finden sich schließlich links und rechts die nicht konjugierbaren Formen des *Participe Présent* und des *Gérondif*.

Die **Endungen** der **regelmäßigen Verben** sind in den einfachen Zeiten jeweils fett gedruckt (*je regarde, tu regardes, il regarde* etc.), während bei den **unregelmäßigen Verben** (ab Ziffer 23) nur die **Besonderheiten** drucktechnisch hervorgehoben werden. Wird in den **zusammengesetzten Zeiten** das Hilfsverb *avoir* benutzt, sind stets nur die erste Person des Hilfsverbs (*j'ai, j'avais, j'aurai* etc.) sowie die Partizipendung, in unserem Beispiel das **-é** besonders markiert. Um die Übersichtlichkeit der Tabellen nicht zu gefährden, haben wir uns in der 3. Person Singular und Plural auf die maskulinen Formen beschränkt, wohl wissend, dass – von den wenigen unpersönlichen Verben einmal abgesehen – immer auch ein feminines *elle* oder *elles*, im Singular auch ein *on* stehen könnten. Wir wollten keiner „männlichen Grammatik" das Wort reden, sondern die Wahrnehmung der zentralen Informationen so wenig wie möglich durch zu viele Informationen behindern.

Verben, die ihr *Passé composé* sowie die anderen zusammengesetzten Zeiten (außer dem *Futur composé*) mit *être* bilden, sind sowohl in den Verbtabellen als auch in der alphabetischen Verbliste mit einem Sternchen, einem *astérisque* (*) gekennzeichnet. Es geht mit anderen Worten um alle **reflexiven Verben** (*verbes pronominaux*) und um Verben wie ***aller, venir, arriver, partir, entrer, sortir*** etc. Hier werden bei den **zusammengesetzten Zeiten** in der **3. Person** Singular (*il/elle*) und Plural (*ils/elles*) die **femininen Personalpronomen** explizit aufgeführt, um darauf aufmerksam zu machen, dass diese Verben ihr *Participe passé* in den meisten Fällen entsprechend dem Genus und Numerus des Subjekts angleichen.

Mit einem kleinen Bogen (‿) weisen wir in den Verbtabellen auf eine nahezu obligatorische **Bindung (liaison phonétique)** hin. Wir haben uns ganz bewusst auf die Fälle beschränkt, in denen hierüber in der Fachliteratur Einigkeit herrscht. Im Alltag werden Sie sicherlich noch andere Fälle erleben, in denen Ihre Gesprächspartner vor einem Vokal den vorangehenden Konsonanten binden, doch sind solche *Liaisons* zu stark abhängig von regionalen, sozialen und persönlichen Gewohnheiten, als dass sie für Ihr Lernbuch relevant sein konnten.

Vielleicht werden Sie sich bei der Durchsicht der Verbtabellen fragen, warum beim ***Passé simple*** und beim ***Passé antérieur*** nur die 3. Person Singular und Plural auftauchen. Hier haben wir uns wieder an der aktuellen Gebrauchsnorm orientiert, die fast nur noch diese beiden Formen kennt. Da jedoch auch in aktueller Literatur zumindest die 1. Person Singular des *Passé simple* häufiger anzutreffen ist, in der Literatur vergangener Zeiten wie z. B. in den vielfach im Leistungskurs oder im Kernkompetenzfach gelesenen Komödien von Molière sogar andere Personen beider Zeiten auftauchen, finden Sie drei vollstän-

Einführung

dige Konjugationsmuster auf der Seite 9. Sie brauchen dann nur noch die dort aufgeführten Endungen an die bereits vorhandenen Stämme in den Verbtabellen hängen und können so jedes Verb in allen Personen durchkonjugieren. Notwendig wird das aber, wie gesagt, nur äußerst selten sein.

Das **Passiv** findet sich ebenfalls nicht in den Verbtabellen selbst, was zum einen daran liegt, dass die Franzosen die aktiven Zeiten des Verbs deutlich bevorzugen. Wichtiger war für uns aber noch, dass die Integration aller passivischen Formen die Tabellen unnötig aufgebläht hätten und die beabsichtigte schnelle Information und Orientierung verloren gegangen wären, ohne dass sich für Sie ein nennenswerter Vorteil ergeben hätte. Damit Sie sich über die Bildung der Passivformen in aller Kürze erkundigen können, finden Sie sie auf Seite 9 an einem Musterverb veranschaulicht.

Eine Zeit, die Sie ansonsten in vergleichbaren Verbenbüchern selten finden, haben wir dagegen zusätzlich aufgenommen, nämlich das **Futur composé**. Uns hat die Überlegung geleitet, dass diese Formen gerade in der gesprochenen Sprache so häufig vertreten sind, dass wir diese Zeit, auch wenn ihre Bildung für Sie meist kein größeres Problem darstellen wird, jedes Mal in der 1. Person Singular und Plural aufgeführt haben. Ergänzend möchten wir darauf hinweisen, dass im Falle einer **Verneinung** des *Futur composé* die Verneinungselemente *ne* und *pas* immer das Hilfsverb *aller* umschließen (*Je **ne** vais **pas** venir ce soir.*). Gleiches gilt auch für alle anderen zusammengesetzten Zeiten (*Je **ne** suis **jamais** allé(e) à Nice./ Nous **n**'avons **pas** répondu à sa lettre*).

Schließlich wird Ihnen sicherlich sofort auffallen, dass wir unter den Verbtabellen **zusätzliche Informationen** geben, die Ihnen das Arbeiten, aber ganz besonders auch das Lernen mit diesem Buch erleichtern sollen. Diese Erläuterungen weisen auf **Regelmäßigkeiten** oder **Abweichungen** hin, signalisieren häufig vorkommende **Fehlerquellen** und verweisen exemplarisch auf **andere Verben**, für die das vorliegende Konjugationsmuster in gleicher Weise zutrifft.

Was die Auswahl der Konjugationsmuster selbst anbelangt, so sind wir ein wenig von der „reinen Lehre" abgewichen und haben mehr Tabellen aufgenommen, als rein grammatisch gesehen eigentlich nötig gewesen wären. So hätten für die Verben *appeler* und *jeter* bzw. *acheter, espérer, se lever* und *mener* normalerweise zwei Verbtabellen im Unterkapitel **Verben auf -er: zwei Stämme im Präsens** ausgereicht, da das Schema übertragbar ist. Aus praktischer Unterrichtserfahrung wissen wir aber, dass es Lernende manchmal nicht ganz so klar ist, wie die Übertragung der an einem Verb erklärten Besonderheiten auf ein anderes Verb im Detail funktioniert. Deshalb haben wir uns entschieden, bei den oben genannten Verben wie beispielsweise auch bei der Gruppe der **Verben auf -ir mit Stammverkürzung** (also Verben wie *dormir, partir, sentir* u. a.) und in anderen Fällen mehr Konjugationsmuster anzubieten, um auch hier der klaren und schnellen Information den Vorzug vor der sprachwissenschaftlichen Systematik zu geben. Wir hoffen einfach, dass Sie durch diese zusätzlichen Tabellen besser zu den für Sie eindeutigen Antworten auf Ihre Fragen gelangen werden.

In den Zusatzinformationen finden sich stets auch Hinweise auf die Bildung der Zeiten und Modi aus den Präsensformen oder dem Infinitiv des jeweiligen Verbs bzw. der Verbgruppe. Da sich die Kenntnis dieser **Ableitungsregeln** gerade in Prüfungsphasen, wenn Sie nicht so viele Hilfsmittel benutzen dürfen, als ausgesprochen hilfreich erwiesen hat, haben wir sie auf der folgenden Seite noch einmal zusammengestellt.

Einführung

Die Ableitung der Verbformen

Einige Zeiten der **regelmäßigen Verben** lassen sich aus anderen Zeiten bzw. Stämmen ableiten. Man spricht in diesem Fall von **Ableitungsbasen**.

Passé composé	**Ableitungsbasis** *Infinitif*	*Futur simple*	*Conditionnel présent*
j'ai montr **-é** ◀	montr **-er*** ▶	je montrer **-ai**	je montrer **-ais**
j'ai répond **-u** ◀	répond **-re** ▶	tu répondr **-as**	tu répondr **-ais**
je suis sort **-i(e)** ◀	sort **-ir** ▶	tu sortir **-as**	tu sortir **-ais**
j'ai fin **-i** ◀	fin **-ir** ▶	il finir **-a**	il finir **-ait**
		-ons	**-ions**
		-ez	**-iez**
		-ont	**-aient**
		▲	▲
		-r des Infinitivs + Endung	

	1. Pers. Pl. Präsens (Stamm)	*Imparfait*	*Gérondif/ Participe présent*
	nous montr **-ons** ▶	je montr **-ais**	(en) montr **-ant**
	nous répond **-ons** ▶	tu répond **-ais**	(en) répond **-ant**
	nous sort **-ons** ▶	tu sort **-ais**	(en) sort **-ant**
	nous finiss **-ons** ▶	il finiss **-ait**	(en) finiss **-ant**
		-ions	
		-iez	
		-aient	

	3./1. Pers. Pl. Präsens (Stamm)	*Subjonctif*	
	ils montr **-ent** ▶	que je montr **-e**	
	ils répond **-ent** ▶	que tu répond **-es**	
	ils sort **-ent** ▶	que tu sort **-es**	
	ils finiss **-ent** ▶	qu'il finiss **-e**	
que nous **appel -ions** ◀	**nous appel -ons**		
que vous **appel -iez** ◀	**vous appel -ez**		
	ils appell **-ent** ▶	qu'ils appell **-ent**	

* Bei Verben auf **-er** mit **zwei verschiedenen Stämmen** im Präsens werden das *Futur simple* und das *Conditionnel présent* von der 1. Person Singular abgeleitet:

| **acheter** | j'ach**è**te | j'ach**è**terai(s) | **payer** | je pa**i**e/paye | je pa**i**erai(s)/payerai(s) |
| **appeler** | j'appe**ll**e | j'appe**ll**erai(s) | **préférer** | je préf**è**re | je préf**è**rerai(s) |

Einführung

Wie oben bereits angedeutet, finden Sie im Folgenden drei vollständige Konjugationen der regelmäßigen Verben auf -er/-dre/-ir im *Passé simple* sowie zwei Beispiele für die Formen des *Passé antérieur*.

Le passé simple		
je regard**ai**	je répond**is**	je fin**is**
tu regard**as**	tu répond**is**	tu fin**is**
il regard**a**	il répond**it**	il fin**it**
nous regard**âmes**	nous répond**îmes**	nous fin**îmes**
vous regard**âtes**	vous répond**îtes**	vous fin**îtes**
ils regard**èrent**	ils répond**irent**	ils fin**irent**

Le passé antérieur	
j' **eus** regardé	je **fus** revenu(e)
tu **eus** regardé	tu **fus** revenu(e)
il **eut** regardé	il/elle **fut** revenu(e)
nous **eûmes** regardé	nous **fûmes** revenu(e)s
vous **eûtes** regardé	vous **fûtes** revenu(e, s, es)
ils **eurent** regardé	ils/elles **furent** revenu(e)s

Neben diesen beiden seltenen Zeiten kann man in anderen Verbenbüchern auch noch die Formen des *Subjonctif imparfait* bzw. *Subjonctif plus-que-parfait* finden, die wir ganz bewusst nicht aufgenommen haben, weil sie im modernen Französisch weder in der Schriftsprache noch in der mündlichen Kommunikation irgendeine Rolle spielen.

Was das ebenfalls oben angemerkte **Passiv** anbelangt, so können es nur **transitive Verben** bilden, also Verben, die ein **direktes Objekt** haben. Es wird gebildet aus einer Form von *être* und dem *Participe passé* des entsprechenden Verbs. Das *Participe passé* richtet sich in Numerus und Genus nach dem Subjekt.

Le passif			
Présent		**Passé composé**	
je suis	présenté(e)	j' ai été	présenté(e)
Imparfait		**Plus-que-parfait**	
j' étais	présenté(e)	j' avais été	présenté(e)
Futur simple		**Futur antérieur**	
je serai	présenté(e)	j' aurai été	présenté(e)
Conditionnel présent		**Conditionnel passé**	
je serais	présenté(e)	j' aurais été	présenté(e)
Subjonctif présent		**Subjonctif passé**	
que je sois	présenté(e)	que j' aie été	présenté(e)

Einführung

Die französisch-deutsche Verbliste

Während die Verbtabellen eine bestimmte Zahl an Konjugationsmustern liefern, finden Sie im alphabetisch geordneten Verbregister eine sehr große Zahl an Verben, die sich auf diese Muster beziehen, d. h. genau wie diese konjugiert werden. Sie bekommen somit bei der Suche nach einem Verb wie *arrêter* zum einen Hinweise auf seine wichtigsten **Bedeutungen** und eine explizite Angabe des **Modellschemas** (hier: **3 regarder**), nach dem dieses Verb konjugiert wird.

arrêter	aufhören	3
arrêter qn	jdn anhalten; jdn festnehmen	
arrêter qc	mit etw. aufhören	
arrêter de faire qc	aufhören, etw. zu tun	
*s'arrêter	aufhören; stehen bleiben	
*s'arrêter de faire qc	aufhören, etw. zu tun	

Doch das ist nicht alles. Wie das Beispiel zeigt, können Sie an den Einträgen weiterhin erkennen, wie Sach- und Personenobjekte angeschlossen werden, direkt, wie hier (*qn/qc*), oder indirekt mit *à* oder *de* (Verbvalenz). Sie sehen auch, ob eine reflexive Form existiert und üblich ist und wie ein Infinitiv gegebenenfalls anzuschließen ist, alles immer mit deutscher Übersetzung. Dadurch, dass der Anschluss möglicher Objekte stets angegeben ist, können Sie schnell feststellen, ob es sich um ein **transitives** oder ein **intransitives Verb** handelt: Transitive Verben haben ein direktes Objekt (*qn/qc*) und können ein **Passiv** (s. o.) bilden. Intransitive Verben haben dagegen kein direktes Objekt und können deshalb auch nicht passivisch benutzt werden.

Bei Verben wie *arrêter*, die mehrere Anschluss- und Verwendungsmöglichkeiten haben, ist die Reihenfolge der Informationen immer wie folgt:

- Verb ohne Ergänzung, wenn es in dieser Form benutzt werden kann. Der erste Eintrag eines jeden Verbs ist im übrigen immer fett gedruckt. Alle Untereinträge sind eingerückt und in Normalschrift.

- Verb mit direktem oder indirektem Anschluss;

- Verb mit Infinitivkonstruktion;

- reflexive Verwendung.

Damit erfüllt das Register eine **französisch-deutsche Wörterbuchfunktion** im Bereich der Verben, wobei Sie für spezielle Wendungen und Ausdrücke auch ein richtiges Wörterbuch konsultieren sollten. In vielen Fällen wird Ihnen aber der Blick in das Register reichen.

Nachdem Sie nun Ihr Verbenbuch näher kennen gelernt haben, wünschen wir Ihnen viel Erfolg bei seiner Nutzung. Der französische Literaturkritiker Albert Thibaudet hat die Bedeutung des Verbs in der Literatur wie folgt ausgedrückt: « *Le verbe est dans la phrase le mot essentiel, et un grand styliste se reconnaît à son emploi du verbe.* »[2]. Auf dass auch Sie mit Hilfe Ihres Verbenbuches die französischen Verben stilistisch und grammatikalisch sicher und kompetent benutzen!

---

[2] Albert Thibaudet, *Flaubert*, Gallimard, Paris 1982.

Die unregelmäßigen Verben *avoir* und *être*

1 avoir (haben)

Présent			Passé composé		
	j' **ai**	nous‿**avons**		j'**ai eu** [y]	nous‿avons eu
	tu **as**	vous‿**avez**		tu as eu	vous‿avez eu
	il **a**	ils‿**ont** [ilzõ]		il a eu	ils‿ont‿eu

Impératif			Futur composé		
Aie…	Ayons…	Ayez…		je **vais**‿avoir	nous‿allons avoir

Imparfait			Plus-que-parfait		
	j' av**ais**	nous‿av**ions**		j'**avais eu**	nous‿avions eu
	tu av**ais**	vous‿av**iez**		tu avais eu	vous‿aviez eu
	il av**ait**	ils‿av**aient**		il avait‿eu	ils‿avaient‿eu

Futur simple			Futur antérieur		
	j' **aurai**	nous‿**aurons**		j'**aurai eu**	nous‿aurons eu
	tu aur**as**	vous‿aur**ez**		tu auras eu	vous‿aurez eu
	il aur**a**	ils‿aur**ont**		il aura eu	ils‿auront‿eu

Conditionnel présent			Conditionnel passé		
	j' **aurais**	nous‿**aurions**		j'**aurais eu**	nous‿aurions eu
	tu aur**ais**	vous‿aur**iez**		tu aurais eu	vous‿auriez eu
	il aur**ait**	ils‿aur**aient**		il aurait‿eu	ils‿auraient‿eu

Subjonctif présent			Subjonctif passé		
	que j' **aie**	que nous‿**ayons**		que j'**aie eu**	que nous‿ayons eu
	que tu **aies**	que vous‿**ayez**		que tu aies eu	que vous‿ayez eu
	qu'il **ait**	qu'ils‿**aient**		qu'il ait‿eu	qu'ils‿aient‿eu

Passé simple		Passé antérieur	
	il **eut** [y] ils‿**eurent** [yʀ]		il **eut**‿eu ils‿eurent‿eu

Participe présent	Gérondif
ayant	en‿ayant

- ***Avoir*** kann zum einen **Vollverb** sein; in dem Fall folgt ihm entweder ein direktes Objekt oder es steht in einer festen Verbindung:
  J'ai deux CD de Diam's.
  Ma copine a 16 ans.
  Hier, j'avais mal à la gorge. J'avais peur de tomber malade.

- Bei den meisten französischen Verben dient *avoir* als **Hilfsverb** bei der Bildung der zusammengesetzten Zeiten (außer beim *Futur composé*).

- Das ***Futur composé*** wird gebildet mit einer Präsensform von *aller* (→ S. 23) und dem Infinitiv des Verbs.

- Zur *liaison phonétique* (Bindung) zwischen zwei Wörtern → S. 6.

Die unregelmäßigen Verben *avoir* und *être*

2 être (sein)

Présent		Passé composé	
je **suis**	nous **sommes**	j'**ai** été	nous avons été
tu **es**	vous **êtes**	tu as été	vous avez été
il **est**	ils **sont** [ilsõ]	il a été	ils ont été

Impératif			Futur composé	
Sois...	**Soyons**...	**Soyez**...	je **vais** être	nous allons être

Imparfait		Plus-que-parfait	
j' **étais**	nous **étions**	j'**avais** été	nous avions été
tu ét**ais**	vous ét**iez**	tu avais été	vous aviez été
il ét**ait**	ils ét**aient**	il avait été	ils avaient été

Futur simple		Futur antérieur	
je **serai**	nous **serons**	j'**aurai** été	nous aurons été
tu ser**as**	vous ser**ez**	tu auras été	vous aurez été
il ser**a**	ils ser**ont**	il aura été	ils auront été

Conditionnel présent		Conditionnel passé	
je **serais**	nous **serions**	j'**aurais** été	nous aurions été
tu ser**ais**	vous ser**iez**	tu aurais été	vous auriez été
il ser**ait**	ils ser**aient**	il aurait été	ils auraient été

Subjon*ctif* présent		Subjonctif passé	
que je **sois**	que nous **soyons**	que j'**aie** été	que nous ayons été
que tu **sois**	que vous **soyez**	que tu aies été	que vous ayez été
qu'il **soit**	qu'ils **soient**	qu'il ait été	qu'ils aient été

Passé simple		Passé antérieur	
il **fut**	ils **furent**	il eut été	ils eurent été

Participe présent	Gérondif
étant	en étant

- Dem Verb **être** folgt häufig eine Ergänzung (Adjektiv oder Nomen) oder eine Orts- bzw. Zeitangabe: *Nous sommes contents. Elle est la fille de notre voisin. Vous êtes de Paris? Aujourd'hui, nous sommes le trois mars.*

- Als **Hilfsverb** dient **être** zur Bildung
  – der zusammengesetzten Zeiten der Verben vom Typ *aller* (→ S. 33) (außer beim *Futur composé*);
  – der zusammengesetzten Zeiten der reflexiven Verben (→ S. 29);
    alle Verben, die mit *être* konjugiert werden, sind in diesem Buch mit * markiert;
  – des Passivs (→ S. 9).

- Das **Futur composé** wird gebildet mit einer Präsensform von *aller* (→ S. 33) und dem Infinitiv des Verbs.

- Zur *liaison phonétique* (Bindung) zwischen zwei Wörtern → S. 6.

Die Verben auf -er: ein Stamm im Präsens

3 regarder (anschauen, betrachten)

Présent		Passé composé	
je regard**e**	nous regard**ons**	j'**ai** regard**é**	nous avons regardé
tu regard**es**	vous regard**ez**	tu as regardé	vous avez regardé
il regard**e**	ils regard**ent**	il a regardé	ils ont regardé

Impératif			Futur composé	
Regard**e**…	Regard**ons**…	Regard**ez**…	je **vais** regarder	nous allons regarder

Imparfait		Plus-que-parfait	
je regard**ais**	nous regard**ions**	j'**avais** regard**é**	nous avions regardé
tu regard**ais**	vous regard**iez**	tu avais regardé	vous aviez regardé
il regard**ait**	ils regard**aient**	il avait regardé	ils avaient regardé

Futur simple		Futur antérieur	
je regarder**ai**	nous regarder**ons**	j'**aurai** regard**é**	nous aurons regardé
tu regarder**as**	vous regarder**ez**	tu auras regardé	vous aurez regardé
il regarder**a**	ils regarder**ont**	il aura regardé	ils auront regardé

Conditionnel présent		Conditionnel passé	
je regarder**ais**	nous regarder**ions**	j'**aurais** regard**é**	nous aurions regardé
tu regarder**ais**	vous regarder**iez**	tu aurais regardé	vous auriez regardé
il regarder**ait**	ils regarder**aient**	il aurait regardé	ils auraient regardé

Subjonctif présent		Subjonctif passé	
que je regard**e**	que nous regard**ions**	que j'**aie** regard**é**	que nous ayons regardé
que tu regard**es**	que vous regard**iez**	que tu aies regardé	que vous ayez regardé
qu'il regard**e**	qu'ils regard**ent**	qu'il ait regardé	qu'ils aient regardé

Passé simple		Passé antérieur	
il regard**a**	ils regard**èrent**	il **eut** regard**é**	ils eurent regardé

Participe présent	Gérondif
regard**ant**	en regard**ant**

- Dieses Konjugationsmuster gilt für die überwiegende Mehrheit der Verben auf -er, die ca. 90 % der Gesamtheit der französischen Verben ausmachen.
- Alle Verben auf **-er** haben im **Präsens** die Endungen **e, es, e, ons, ez, ent**, von denen nur die Endungen **ons** [ō] und **ez** [e] ausgesprochen werden.
- Bei Verben wie **écouter** oder **habiter**, die mit einem Vokal bzw. einem stummen *h* beginnen, wird *je* in den einfachen Zeiten apostrophiert: ***j'écoute***, ***j'habitais***.
- Die meisten Verben auf -er bilden das **Passé composé** und die anderen zusammengesetzten Zeiten (außer dem *Futur composé*) mit **avoir** und dem **Participe passé** des Verbs (auf **-é**).
- Die Endungen des **Futur simple** und des **Conditionnel présent** werden an das **-r des Infinitivs** angehängt.

Die Verben auf -er: ein Stamm im Präsens

4 créer (schaffen, kreieren)

Présent		Passé composé	
je crée [kʀe]	nous créons	j'ai créé [kʀee]	nous avons créé
tu crées	vous créez	tu as créé	vous avez créé
il crée	ils créent	il a créé	ils ont créé
Impératif		**Futur composé**	
Crée… Créons… Créez…		je vais créer	nous allons créer
Imparfait		**Plus-que-parfait**	
je créais	nous créions [kʀejɔ̃]	j'avais créé	nous avions créé
tu créais	vous créiez [kʀeje]	tu avais créé	vous aviez créé
il créait	ils créaient	il avait créé	ils avaient créé
Futur simple		**Futur antérieur**	
je créerai	nous créerons [kʀeʀɔ̃]	j'aurai créé	nous aurons créé
tu créeras	vous créerez	tu auras créé	vous aurez créé
il créera	ils créeront	il aura créé	ils auront créé
Conditionnel présent		**Conditionnel passé**	
je créerais	nous créerions [kʀeʀjɔ̃]	j'aurais créé	nous aurions créé
tu créerais	vous créeriez	tu aurais créé	vous auriez créé
il créerait	ils créeraient	il aurait créé	ils auraient créé
Subjonctif présent		**Subjonctif passé**	
que je crée	que nous créions	que j'aie créé	que nous ayons créé
que tu crées	que vous créiez	que tu aies créé	que vous ayez créé
qu'il crée	qu'ils créent	qu'il ait créé	qu'ils aient créé
Passé simple		**Passé antérieur**	
il créa	ils créèrent [kʀeɛʀ]	il eut créé	ils eurent créé
Participe présent		**Gérondif**	
créant		en créant	

- Bei **créer** ist die Schreibung **-ée** bzw. **-éé** zu beachten; damit verbunden sind auch Nuancen in der Aussprache.
- Bei vorangestelltem direktem Objekt im Femininum, kann ein weiteres **e** hinzukommen, das sich aber nicht auf die Aussprache auswirkt: *La chanson qu'elle a créée* [kʀee] *est connue dans le monde entier.*
- Ebenso: **agréer** (stattgeben, annehmen), ***se récréer** (sich entspannen).
- Weitere Informationen zu Verben auf *-er* → *regarder*, S. 13.

Die Verben auf -er: ein Stamm im Präsens

5 crier (schreien)

Présent		Passé composé	
je crie	nous crions	j'ai crié	nous avons crié
tu cries	vous criez	tu as crié	vous avez crié
il crie	ils crient	il a crié	ils ont crié

Impératif			Futur composé	
Crie…	Crions…	Criez…	je vais crier	nous allons crier

Imparfait		Plus-que-parfait	
je criais	nous criions [kRijõ]	j'avais crié	nous avions crié
tu criais	vous criiez [kRije]	tu avais crié	vous aviez crié
il criait	ils criaient	il avait crié	ils avaient crié

Futur simple		Futur antérieur	
je crierai [kRiRe]	nous crierons [kRiRõ]	j'aurai crié	nous aurons crié
tu crieras	vous crierez	tu auras crié	vous aurez crié
il criera	ils crieront	il aura crié	ils auront crié

Conditionnel présent		Conditionnel passé	
je crierais [kRiRɛ]	nous crierions [kRiRjõ]	j'aurais crié	nous aurions crié
tu crierais	vous crieriez [kRiRje]	tu aurais crié	vous auriez crié
il crierait	ils crieraient	il aurait crié	ils auraient crié

Subjonctif présent		Subjonctif passé	
que je crie	que nous criions [kRijõ]	que j'aie crié	que nous ayons crié
que tu cries	que vous criiez [kRije]	que tu aies crié	que vous ayez crié
qu'il crie	qu'ils crient	qu'il ait crié	qu'ils aient crié

Passé simple		Passé antérieur	
il cria	ils crièrent	il eut crié	ils eurent crié

Participe présent	Gérondif
criant	en criant

- Bei der 1. und 2. Person Plural von *Imparfait* und *Subjonctif présent* ist die Verdoppelung des *i* zu beachten (*-ii-*).

- Ebenso: **apprécier** (schätzen), **associer** *qn à qc/qc à qc* (jdn an etw. beteiligen / etw. mit etw. verbinden), **confier** (anvertrauen), **envier** (beneiden), **incendier** (anzünden), **lier** ([ver]binden), *se méfier** (misstrauen); **mendier** (betteln), **nier** (leugnen), **plier** (sich biegen; falten), **prier** (beten, bitten), **relier** (verbinden), **supplier** (anflehen).

- Weitere Informationen zu Verben auf -er → regarder, S. 13.

Die Verben auf -er: zwei Stämme im Präsens

6 acheter (kaufen)

Présent		Passé composé	
j' ach**è**t**e** [aʃɛt]	nous_ach**e**t**ons** [aʃtõ]	j'ai acheté	nous_avons acheté
tu ach**è**t**es**	vous_ach**e**t**ez**	tu as acheté	vous_avez acheté
il ach**è**t**e**	ils_ach**è**t**ent**	il a acheté	ils_ont_acheté

Impératif			Futur composé	
Ach**è**t**e**…	Ach**e**t**ons**…	Ach**e**t**ez**…	je **vais** acheter	nous_allons acheter

Imparfait		Plus-que-parfait	
j' ach**e**t**ais**	nous_ach**e**t**ions**	j'avais acheté	nous_avions acheté
tu ach**e**t**ais**	vous_ach**e**t**iez**	tu avais acheté	vous_aviez acheté
il ach**e**t**ait**	ils_ach**e**t**aient**	il avait_acheté	ils_avaient_acheté

Futur simple		Futur antérieur	
j' ach**è**t**e**r**ai**	nous_ach**è**t**e**r**ons**	j'aurai acheté	nous_aurons acheté
tu ach**è**t**e**r**as**	vous_ach**è**t**e**r**ez**	tu auras acheté	vous_aurez acheté
il ach**è**t**e**r**a**	ils_ach**è**t**e**r**ont**	il aura acheté	ils_auront_acheté

Conditionnel présent		Conditionnel passé	
j' ach**è**t**e**r**ais**	nous_ach**è**t**e**r**ions**	j'aurais acheté	nous_aurions acheté
tu ach**è**t**e**r**ais**	vous_ach**è**t**e**r**iez**	tu aurais acheté	vous_auriez acheté
il ach**è**t**e**r**ait**	ils_ach**è**t**e**r**aient**	il aurait_acheté	ils_auraient_acheté

Subjonctif présent		Subjonctif passé	
que j' ach**è**t**e**	que nous_ach**e**t**ions**	que j'aie acheté	que nous_ayons acheté
que tu ach**è**t**es**	que vous_ach**e**t**iez**	que tu aies acheté	que vous_ayez acheté
qu'il ach**è**t**e**	qu'ils_ach**è**t**ent**	qu'il ait_acheté	qu'ils_aient_acheté

Passé simple		Passé antérieur	
il ach**e**t**a**	ils_ach**e**t**èrent**	il eut_acheté	ils_eurent_acheté

Participe présent	Gérondif
ach**e**t**ant**	en ach**e**t**ant**

- Verben vom Typ **acheter** haben zwei <u>Stämme</u> im Präsens: j'<u>achète</u> (hier wird der Stamm betont [aʃɛt]) und nous <u>achetons</u> [aʃtõ] (hier wird die Endung betont): Im Singular und in der 3. Person Plural steht ein **è** statt des **e**. Beide Stämme dienen als Ausgangspunkt für die Bildung der anderen Zeiten.
- Ebenso: **racheter** (zurückkaufen), **cacheter** (versiegeln, zukleben).
- Bei Verben mit zwei Stämmen im Präsens werden **Futur simple** und **Conditionnel présent** von der **1. Person Singular Präsens** abgeleitet; vor die Endung wird ein **r** eingeschoben.
- Weitere Informationen zu Verben auf -er → regarder, S. 13.
- Zur liaison phonétique (Bindung) zwischen zwei Wörtern → S. 6.

Die Verben auf -er: zwei Stämme im Präsens

7 *se lever (aufstehen)

Présent		Passé composé	
je me l**è**ve	nous nous l**ev**ons	je me **suis** lev**é(e)**	nous nous sommes lev**é(e)s**
tu te l**è**ves	vous vous l**ev**ez	tu t'es lev**é(e)**	vous vous êtes lev**é(e, s, es)**
il se l**è**ve	ils se l**è**vent	il, elle s'est lev**é(e)**	ils, elles se sont lev**é(e)s**

Impératif			Futur composé	
L**è**ve-toi…	L**ev**ons-nous…	L**ev**ez-vous…	je **vais** me lever	nous allons nous lever

Imparfait		Plus-que-parfait	
je me l**ev**ais	nous nous l**ev**ions	je m'**étais** lev**é(e)**	nous nous étions lev**é(e)s**
tu te l**ev**ais	vous vous l**ev**iez	tu t'étais lev**é(e)**	vous vous étiez lev**é(e, s, es)**
il se l**ev**ait	ils se l**ev**aient	il, elle s'était lev**é(e)**	ils, elles s'étaient lev**é(e)s**

Futur simple		Futur antérieur	
je me l**è**ve**r**ai	nous nous l**è**ve**r**ons	je me **serai** lev**é(e)**	nous nous serons lev**é(e)s**
tu te l**è**ve**r**as	vous vous l**è**ve**r**ez	tu te seras lev**é(e)**	vous vous serez lev**é(e, s, es)**
il se l**è**ve**r**a	ils se l**è**ve**r**ont	il, elle se sera lev**é(e)**	ils, elles se seront lev**é(e)s**

Conditionnel présent		Conditionnel passé	
je me l**è**ve**r**ais	nous nous l**è**ve**r**ions	je me **serais** lev**é(e)**	nous nous serions lev**é(e)s**
tu te l**è**ve**r**ais	vous vous l**è**ve**r**iez	tu te serais lev**é(e)**	vous vous seriez lev**é(e, s, es)**
il se l**è**ve**r**ait	ils se l**è**ve**r**aient	il, elle se serait lev**é(e)**	qu'ils, elles se seraient lev**é(e)s**

Subjonctif présent		Subjonctif passé	
que je me l**è**ve	que nous nous l**ev**ions	que je me **sois** lev**é(e)**	que nous nous soyons lev**é(e)s**
que tu te l**è**ves	que vous vous l**ev**iez	que tu te sois lev**é(e)**	que vous vous soyez lev**é(e, s, es)**
qu'il se l**è**ve	qu'ils se l**è**vent	qu'il, elle se soit lev**é(e)**	qu'ils, elles se soient lev**é(e)s**

Passé simple		Passé antérieur	
il se l**ev**a	ils se l**ev**èrent	il, elle se **fut** lev**é(e)**	ils, elles se furent lev**é(e)s**

Participe présent	Gérondif
se l**ev**ant	en se l**ev**ant

- Verben vom Typ **se lever** haben wie *acheter* (→ S. 16) zwei Stämme im Präsens: je me <u>lève</u> (hier wird der Stamm betont [lɛv]) und *nous nous <u>levons</u>* [ləvõ] (hier wird die Endung betont): Im Singular und in der 3. Person Plural steht ein **è** statt des **e**. Beide Stämme dienen als Ausgangspunkt für die Bildung der anderen Zeiten.
- **Reflexive Verben** bilden die zusammengesetzten Zeiten (außer dem *Futur composé*) grundsätzlich mit *être*. Dabei muss auf die Angleichung des *Participe passé* geachtet werden.
- Ebenso: *élever* (erziehen; errichten), *enlever* (wegnehmen; ausziehen; entführen), *relever* (wieder aufheben; aufdecken), *soulever* ([hoch]heben), *peser* (wiegen), *semer* (säen), *geler* ([ge]frieren, zufrieren), *congeler* (einfrieren), *déceler* (entdecken, enthüllen), *harceler* (bedrängen, belästigen), *modeler* (modellieren), *peler* (pellen, schälen).
- Weitere Informationen zu Verben auf *-er* → *regarder*, S. 13; zum *Futur/Conditionnel* → *acheter*, S. 16.

Die Verben auf -er: zwei Stämme im Präsens

8 mener (führen)

Présent		Passé composé	
je mène	nous menons	j'ai mené	nous avons mené
tu mènes	vous menez	tu as mené	vous avez mené
il mène	ils mènent	il a mené	ils ont mené

Impératif			Futur composé	
Mène…	Menons…	Menez…	je **vais** mener	nous allons mener

Imparfait		Plus-que-parfait	
je menais	nous menions	j'avais mené	nous avions mené
tu menais	vous meniez	tu avais mené	vous aviez mené
il menait	ils menaient	il avait mené	ils avaient mené

Futur simple		Futur antérieur	
je mènerai	nous mènerons	j'aurai mené	nous aurons mené
tu mèneras	vous mènerez	tu auras mené	vous aurez mené
il mènera	ils mèneront	il aura mené	ils auront mené

Conditionnel présent		Conditionnel passé	
je mènerais	nous mènerions	j'aurais mené	nous aurions mené
tu mènerais	vous mèneriez	tu aurais mené	vous auriez mené
il mènerait	ils mèneraient	il aurait mené	ils auraient mené

Subjonctif présent		Subjonctif passé	
que je mène	que nous menions	que j'aie mené	que nous ayons mené
que tu mènes	que vous meniez	que tu aies mené	que vous ayez mené
qu'il mène	qu'ils mènent	qu'il ait mené	qu'ils aient mené

Passé simple		Passé antérieur	
il mena	ils menèrent	il eut mené	ils eurent mené

Participe présent	Gérondif
menant	en menant

- Verben vom Typ **mener** haben wie *acheter* (→ S. 16) zwei Stämme im Präsens: je mène (hier wird der Stamm betont [mɛn]) und *nous menons* [mənõ] (hier wird die Endung betont): Im Singular und in der 3. Person Plural steht ein **è** statt des **e**. Beide Stämme dienen als Ausgangspunkt für die Bildung der anderen Zeiten.

- Ebenso: **amener** (mitbringen), **emmener** (mitnehmen), ***se promener** (spazieren gehen), **ramener** (zurückbringen).

- Weitere Informationen zu Verben auf -er → *regarder*, S. 13; zum *Futur simple/Conditionnel présent* → *acheter*, S. 16.

Die Verben auf *-er*: zwei Stämme im Präsens

9 appeler (rufen, anrufen)

Présent		Passé composé	
j' appe**lle**	nous appe**l**ons	j'**ai** appe**lé**	nous avons appelé
tu appe**lles**	vous appe**l**ez	tu as appelé	vous avez appelé
il appe**lle**	ils appe**ll**ent	il a appelé	ils ont appelé
Impératif		**Futur composé**	
Appe**ll**e… Appe**l**ons… Appe**l**ez…		je **vais** appeler	nous allons appeler
Imparfait		**Plus-que-parfait**	
j' appe**l**ais	nous appe**l**ions	j'**avais** appe**lé**	nous avions appelé
tu appe**l**ais	vous appe**l**iez	tu avais appelé	vous aviez appelé
il appe**l**ait	ils appe**l**aient	il avait appelé	ils avaient appelé
Futur simple		**Futur antérieur**	
j' appe**ller**ai	nous appe**ller**ons	j'**aurai** appe**lé**	nous aurons appelé
tu appe**ller**as	vous appe**ller**ez	tu auras appelé	vous aurez appelé
il appe**ller**a	ils appe**ller**ont	il aura appelé	ils auront appelé
Conditionnel présent		**Conditionnel passé**	
j' appe**ller**ais	nous appe**ller**ions	j'**aurais** appe**lé**	nous aurions appelé
tu appe**ller**ais	vous appe**ller**iez	tu aurais appelé	vous auriez appelé
il appe**ller**ait	ils appe**ller**aient	il aurait appelé	ils auraient appelé
Subjonctif présent		**Subjonctif passé**	
que j' appe**ll**e	que nous appe**l**ions	que j'**aie** appe**lé**	que nous ayons appelé
que tu appe**ll**es	que vous appe**l**iez	que tu aies appelé	que vous ayez appelé
qu'il appe**ll**e	qu'ils appe**ll**ent	qu'il ait appelé	qu'ils aient appelé
Passé simple		**Passé antérieur**	
il appe**l**a	ils appe**l**èrent	il **eut** appe**lé**	ils eurent appelé
Participe présent		**Gérondif**	
appe**l**ant		en appe**l**ant	

- Verben vom Typ **appeler** haben wie *acheter* (→ S. 16) zwei Stämme im Präsens: j'*appell*e (hier wird der Stamm betont [apɛl]) und *nous appel*ons [ap(ə)lõ] (hier wird die Endung betont): Im Singular und in der 3. Person Plural wird das *l* verdoppelt **(-ll-)**. Beide Stämme dienen als Ausgangspunkt für die Bildung der anderen Zeiten.

- Ebenso: **chanceler** (schwanken), **épeler** (buchstabieren), **étinceler** (funkeln), **se rappeler** (sich erinnern), **renouveler** (erneuern). Mit Ausnahme von *appeler* und *se rappeler* ist auch die Schreibung ohne Verdoppelung des *l* möglich; in dem Fall wird das stumme *e* zu **è**, z. B. *je chancèle*.
  Aber: **interpeller** (ansprechen) behält in allen Formen beide *ll*.

- Weitere Informationen zu Verben auf *-er* → *regarder*, S. 13; zum *Futur simple / Conditionnel présent* → *acheter*, S. 16.

- Zur *liaison phonétique* (Bindung) zwischen zwei Wörtern → S. 6.

Die Verben auf -er: zwei Stämme im Präsens

10 jeter (werfen)

Présent		Passé composé	
je je**tt**e	nous je**t**ons	j'ai je**t**é	nous avons je**t**é
tu je**tt**es	vous je**t**ez	tu as je**t**é	vous avez je**t**é
il je**tt**e	ils je**tt**ent	il a je**t**é	ils ont je**t**é

Impératif			Futur composé	
Je**tt**e…	Je**t**ons…	Je**t**ez…	je **vais** je**t**er	nous allons je**t**er

Imparfait		Plus-que-parfait	
je je**t**ais	nous je**t**ions	j'**avais** je**t**é	nous **avions** je**t**é
tu je**t**ais	vous je**t**iez	tu avais je**t**é	vous aviez je**t**é
il je**t**ait	ils je**t**aient	il avait je**t**é	ils avaient je**t**é

Futur simple		Futur antérieur	
je je**tter**ai	nous je**tter**ons	j'**aurai** je**t**é	nous aurons je**t**é
tu je**tter**as	vous je**tter**ez	tu auras je**t**é	vous aurez je**t**é
il je**tter**a	ils je**tter**ont	il aura je**t**é	ils auront je**t**é

Conditionnel présent		Conditionnel passé	
je je**tter**ais	nous je**tter**ions	j'**aurais** je**t**é	nous aurions je**t**é
tu je**tter**ais	vous je**tter**iez	tu aurais je**t**é	vous auriez je**t**é
il je**tter**ait	ils je**tter**aient	il aurait je**t**é	ils auraient je**t**é

Subjonctif présent		Subjonctif passé	
que je je**tt**e	que nous je**t**ions	que j'**aie** je**t**é	que nous ayons je**t**é
que tu je**tt**es	que vous je**t**iez	que tu aies je**t**é	que vous ayez je**t**é
qu'il je**tt**e	qu'ils je**tt**ent	qu'il ait je**t**é	qu'ils aient je**t**é

Passé simple		Passé antérieur	
il je**t**a	ils je**t**èrent	il **eut** je**t**é	ils eurent je**t**é

Participe présent	Gérondif
je**t**ant	en je**t**ant

- Verben vom Typ *jeter* haben wie *appeler* (→ S. 19) zwei Stämme im Präsens: je *jette* (hier wird der Stamm betont [jɛt]) und *nous jet*ons [j(ə)tɔ̃] (hier wird die Endung betont): Im Singular und in der 3. Person Plural wird das *t* verdoppelt *(-tt-)*. Beide Stämme dienen als Ausgangspunkt für die Bildung der anderen Zeiten.

- Ebenso: *cacheter* (versiegeln), *étiqueter* (etikettieren), **feuilleter** ([durch]blättern), **projeter** (planen, vorhaben), **rejeter** (zurückwerfen, verwerfen). Mit Ausnahme von *jeter* und allen Verben derselben Familie (also *projeter, rejeter*) ist auch die Schreibung ohne Verdoppelung des *t* möglich; in dem Fall wird das stumme *e* zu **è**, *je cachète* etc.

- Weitere Informationen zu Verben auf -er → *regarder*, S. 13; zum *Futur simple / Conditionnel présent* → *acheter*, S. 16.

Die Verben auf -er: zwei Stämme im Präsens

11 espérer (hoffen)

Présent		Passé composé	
j' esp**è**r**e**	nous_esp**é**r**ons**	j'ai esp**é**r**é**	nous_avons espéré
tu esp**è**r**es**	vous_esp**é**r**ez**	tu as espéré	vous_avez espéré
il esp**è**r**e**	ils_esp**è**r**ent**	il a espéré	ils_ont espéré

Impératif			Futur composé	
Esp**è**r**e**…	Esp**é**r**ons**…	Esp**é**r**ez**…	je **vais** espérer	nous_allons espérer

Imparfait		Plus-que-parfait	
j' esp**é**r**ais**	nous_esp**é**r**ions**	j'**avais** espéré	nous_avions espéré
tu esp**é**r**ais**	vous_esp**é**r**iez**	tu avais espéré	vous_aviez espéré
il esp**é**r**ait**	ils_esp**é**r**aient**	il avait espéré	ils_avaient_espéré

Futur simple		Futur antérieur	
j' esp**è**r**erai** [ʒɛspɛrre]	nous_esp**è**r**erons**	j'**aurai** espéré	nous_aurons espéré
tu esp**è**r**eras**	vous_esp**è**r**erez**	tu auras espéré	vous_aurez espéré
il esp**è**r**era**	ils_esp**è**r**eront**	il aura espéré	ils_auront_espéré

Conditionnel présent		Conditionnel passé	
j' esp**è**r**erais** [ʒɛspɛrre]	nous esp**è**r**erions**	j'**aurais** espéré	nous_aurions espéré
tu esp**è**r**erais**	vous_esp**è**r**eriez**	tu aurais espéré	vous_auriez espéré
il esp**è**r**erait**	ils_esp**è**r**eraient**	il aurait_espéré	ils_auraient_espéré

Subjonctif présent		Subjonctif passé	
que j' esp**è**r**e**	que nous_esp**é**r**ions**	que j'**aie** espéré	que nous_ayons espéré
que tu esp**è**r**es**	que vous_esp**é**r**iez**	que tu aies espéré	que vous_ayez espéré
qu'il esp**è**r**e**	qu'ils_esp**è**r**ent**	qu'il ait_espéré	qu'ils_aient_espéré

Passé simple		Passé antérieur	
il esp**é**r**a**	ils_esp**é**r**èrent**	il **eut**_espéré	ils_eurent_espéré

Participe présent	Gérondif
esp**é**r**ant**	en esp**é**r**ant**

- Verben vom Typ **espérer** haben wie *acheter* (→ S. 16) zwei Stämme im Präsens: *j'espère* (hier wird der Stamm betont [ɛspɛʀ]) und *nous espérons* [ɛspeʀɔ̃] (hier wird die Endung betont): Im Singular und in der 3. Person Plural gilt für die 2. Silbe die Schreibweise **è** statt **é**. Beide Stämme dienen als Ausgangspunkt für die Bildung der anderen Zeiten.

- Ebenso: **accélérer** (beschleunigen), **céder** (nachgeben), **célébrer** (feiern), **compléter** (vervollständigen), **déléguer** (abordnen, delegieren), **désespérer** (verzweifeln), **exagérer** (übertreiben), **pénétrer** (eindringen), **posséder** (besitzen), **préférer** (vorziehen), **(*se) protéger** ((sich) schützen, → *changer*, S. 23), **régner** (herrschen), **répéter** (wiederholen), **révéler** (aufdecken, enthüllen).

- Weitere Informationen zu Verben auf *-er* → *regarder*, S. 13, auf *-ger* → *changer*, S. 23; zum *Futur simple / Conditionnel présent* → *acheter*, S. 16.

21

Die Verben auf -er: Besonderheiten im Schriftbild

12 commencer (anfangen)

Présent		Passé composé	
je commenc**e** [-mãs]	nous commen**ç****ons** [-mãsõ]	j'**ai** commenc**é**	nous avons commencé
tu commenc**es**	vous commenc**ez**	tu **as** commencé	vous avez commencé
il commenc**e**	ils commenc**ent**	il **a** commencé	ils ont commencé
Impératif		**Futur composé**	
Commenc**e**... Commen**ç**ons... Commenc**ez**...		je **vais** commencer	nous allons commencer
Imparfait		**Plus-que-parfait**	
je commen**ç**ais	nous commenc**ions**	j'**avais** commenc**é**	nous avions commencé
tu commen**ç**ais	vous commenc**iez**	tu avais commencé	vous aviez commencé
il commen**ç**ait	ils commen**ç**aient	il avait commencé	ils avaient commencé
Futur simple		**Futur antérieur**	
je commencer**ai**	nous commencer**ons**	j'**aurai** commenc**é**	nous aurons commencé
tu commencer**as**	vous commencer**ez**	tu auras commencé	vous aurez commencé
il commencer**a**	ils commencer**ont**	il aura commencé	ils auront commencé
Conditionnel présent		**Conditionnel passé**	
je commencer**ais**	nous commencer**ions**	j'**aurais** commenc**é**	nous aurions commencé
tu commencer**ais**	vous commencer**iez**	tu aurais commencé	vous auriez commencé
il commencer**ait**	ils commencer**aient**	il aurait commencé	ils auraient commencé
Subjonctif présent		**Subjonctif passé**	
que je commenc**e**	que nous commenc**ions**	que j'**aie** commenc**é**	que nous ayons commencé
que tu commenc**es**	que vous commenc**iez**	que tu aies commencé	que vous ayez commencé
qu'il commenc**e**	qu'ils commenc**ent**	qu'il ait commencé	qu'ils aient commencé
Passé simple		**Passé antérieur**	
il commen**ç**a	ils commen**c**èrent	il **eut** commenc**é**	ils eurent commencé
Participe présent		**Gérondif**	
commen**ç**ant		en commen**ç**ant	

- Vor den dunklen Vokalen **a** und **o** steht bei den Verben auf **-cer** ein **ç** (*c cédille*), damit die Aussprache [s] in allen Formen und Zeiten erhalten bleibt.

- Ebenso: **annoncer** (ankündigen), **avancer** (vorankommen), **dénoncer** (anzeigen, denunzieren), **devancer** (zuvorkommen, übertreffen), **influencer** (beeinflussen), **lancer** (werfen), **pincer** (kneifen), **placer** (hinstellen, -legen), **prononcer** (aussprechen), **recommencer** (wieder anfangen), **remplacer** (ersetzen), **renoncer** (verzichten).

- Weitere Informationen zu Verben auf -er → *regarder*, S. 13.

Die Verben auf -er: Besonderheiten im Schriftbild

13 changer (ändern, wechseln; sich verändern)

Présent		Passé composé	
je change [-ʒ]	nous changeons [-ʒõ]	j'ai changé	nous avons changé
tu changes	vous changez	tu as changé	vous avez changé
il change	ils changent	il a changé	ils ont changé
Impératif		**Futur composé**	
Change… Changeons… Changez…		je vais changer	nous allons changer
Imparfait		**Plus-que-parfait**	
je changeais	nous changions	j'avais changé	nous avions changé
tu changeais	vous changiez	tu avais changé	vous aviez changé
il changeait	ils changeaient	il avait changé	ils avaient changé
Futur simple		**Futur antérieur**	
je changerai	nous changerons	j'aurai changé	nous aurons changé
tu changeras	vous changerez	tu auras changé	vous aurez changé
il changera	ils changeront	il aura changé	ils auront changé
Conditionnel présent		**Conditionnel passé**	
je changerais	nous changerions	j'aurais changé	nous aurions changé
tu changerais	vous changeriez	tu aurais changé	vous auriez changé
il changerait	ils changeraient	il aurait changé	ils auraient changé
Subjonctif présent		**Subjonctif passé**	
que je change	que nous changions	que j'aie changé	que nous ayons changé
que tu changes	que vous changiez	que tu aies changé	que vous ayez changé
qu'il change	qu'ils changent	qu'il ait changé	qu'ils aient changé
Passé simple		**Passé antérieur**	
il changea	ils changèrent	il eut changé	ils eurent changé
Participe présent		**Gérondif**	
changeant		en changeant	

- Vor den dunklen Vokalen **a** und **o** steht bei den Verben auf **-ger** ein zusätzliches **e**, damit die Aussprache [ʒ] in allen Formen und Zeiten erhalten bleibt.

- Ebenso: **abréger** (abkürzen), **arranger** (anordnen), **bouger** ((sich) bewegen), **corriger** (korrigieren), **déménager** (umziehen), **déranger** (stören), **diriger** (lenken, leiten), **interroger** (befragen), **juger** (richten, beurteilen), **manger** (essen), **mélanger** (mischen), **nager** (schwimmen), **obliger** (zwingen, verpflichten), **partager** (teilen), **plonger** (tauchen), **(*se) protéger** ((sich) schützen), **ranger** (aufräumen), **(*se) venger** ((sich) rächen), **voyager** (reisen).

- Aber: Die Verben auf **-guer** behalten das **u** in allen Formen: *taguer* (mit Graffiti besprühen): *nous taguons, je taguais, nous taguions*. Ebenso: **distinguer** (unterscheiden), **draguer** (anmachen), **fatiguer** (ermüden).

- Weitere Informationen zu Verben auf -er → *regarder*, S. 13.

Die Verben auf -*er*: Besonderheiten im Schriftbild

14 payer (bezahlen)

Présent		Passé composé	
je pa**ie** [-ɛ]/pa**ye** [-ɛj]	nous pa**yons**	j'**ai** pa**yé**	nous avons payé
tu pa**ies**/pa**yes**	vous pa**yez**	tu as payé	vous avez payé
il pa**ie**/pa**ye**	ils pa**ient**/pa**yent**	il a payé	ils ont payé

Impératif			Futur composé	
Pa**ie**/Pa**ye**…	Pa**yons** …	Pa**yez**…	je **vais** payer	nous allons payer

Imparfait		Plus-que-parfait	
je pa**yais**	nous pa**yions**	j'**avais** pa**yé**	nous avions payé
tu pa**yais**	vous pa**yiez**	tu avais payé	vous aviez payé
il pa**yait**	ils pa**yaient**	il avait payé	ils avaient payé

Futur simple		Futur antérieur	
je pa**ierai**/pa**yerai**	nous pa**ierons**/pa**yerons**	j'**aurai** pa**yé**	nous aurons payé
tu pa**ieras**/pa**yeras**	vous pa**ierez**/pa**yerez**	tu auras payé	vous aurez payé
il pa**iera**/pa**yera**	ils pa**ieront**/pa**yeront**	il aura payé	ils auront payé

Conditionnel présent		Conditionnel passé	
je pa**ierais**/pa**yerais**	nous pa**ierions**/pa**yerions**	j'**aurais** pa**yé**	nous aurions payé
tu pa**ierais**/pa**yerais**	vous pa**ieriez**/pa**yeriez**	tu aurais payé	vous auriez payé
il pa**ierait**/pa**yerait**	ils pa**ieraient**/pa**yeraient**	il aurait payé	ils auraient payé

Subjonctif présent		Subjonctif passé	
que je pa**ie**/pa**ye**	que nous pa**yions**	que j'**aie** pa**yé**	que nous ayons payé
que tu pa**ies**/pa**yes**	que vous pa**yiez**	que tu aies payé	que vous ayez payé
qu'il pa**ie**/pa**ye**	qu'ils pa**ient**/pa**yent**	qu'il ait payé	qu'ils aient payé

Passé simple		Passé antérieur	
il pa**ya**	ils pa**yèrent**	il **eut** pa**yé**	ils eurent payé

Participe présent	Gérondif
pa**yant**	en pa**yant**

- Die Konjugation der Verben auf **-ayer** ist regelmäßig. Allerdings kann vor nicht hörbarem, nur geschriebenem *e* ein *i* statt einem *y* stehen, z. B. *je paie*.
- In der ersten und zweiten Person Plural im **Imparfait** und im **Subjonctif** darf das *i* nach dem *y* nicht vergessen werden.
- Ebenso: **balayer** (fegen), **effrayer** (erschrecken), **essayer** (versuchen).
- Weitere Informationen zu Verben auf -*er* → *regarder*, S. 13.

Die Verben auf -er: Besonderheiten im Schriftbild

15 employer (gebrauchen, ver-/anwenden)

Présent		Passé composé	
j' emplo**ie** [-plwa]	nous_employ**ons**	j'ai employ**é**	nous_avons employé
tu emplo**ies**	vous_employ**ez**	tu as employé	vous_avez employé
il emplo**ie**	ils_emplo**ient**	il a employé	ils_ont_employé
Impératif		**Futur composé**	
Emplo**ie**… Employ**ons**… Employ**ez**		je **vais**_employer	nous_allons employer
Imparfait		**Plus-que-parfait**	
j' employ**ais**	nous_employ**ions**	j'**avais** employ**é**	nous_avions employé
tu employ**ais**	vous_employ**iez**	tu avais employé	vous_aviez employé
il employ**ait**	ils_employ**aient**	il avait_employé	ils_avaient_employé
Futur simple		**Futur antérieur**	
j' emplo**ierai**	nous_emplo**ierons**	j'**aurai** employ**é**	nous_aurons employé
tu emplo**ieras**	vous_emplo**ierez**	tu auras employé	vous_aurez employé
il emplo**iera**	ils_emplo**ieront**	il aura employé	ils_auront_employé
Conditionnel présent		**Conditionnel passé**	
j' emplo**ierais**	nous_emplo**ierions**	j'**aurais** employ**é**	nous_aurions employé
tu emplo**ierais**	vous_emplo**ieriez**	tu aurais employé	vous_auriez employé
il emplo**ierait**	ils_emplo**ieraient**	il aurait_employé	ils_auraient_employé
Subjonctif présent		**Subjonctif passé**	
que j' emplo**ie**	que nous_employ**ions**	que j'**aie** employ**é**	que nous_ayons employé
que tu emplo**ies**	que vous_employ**iez**	que tu aies employé	que vous_ayez employé
qu'il emplo**ie**	qu'ils_emplo**ient**	qu'il ait_employé	qu'ils_aient_employé
Passé simple		**Passé antérieur**	
il employ**a**	ils_employ**èrent**	il **eut**_employ**é**	ils_eurent_employé
Participe présent		**Gérondif**	
employ**ant**		en employ**ant**	

- Die Konjugation der Verben auf **-oyer** ist nahezu regelmäßig; vor nicht hörbarem, nur geschriebenem **e** steht ein **i** statt einem **y**, z. B. *j'emploie*.
- In der ersten und zweiten Person Plural im **Imparfait** und im **Subjonctif** darf das **i** nach dem **y** nicht vergessen werden.
- Ebenso: **aboyer** (bellen), **nettoyer** (reinigen).
- Zu **envoyer** und **renvoyer** → S. 34.
- Weitere Informationen zu Verben auf -er → *regarder*, S. 13.
- Zur *liaison phonétique* (Bindung) zwischen zwei Wörtern → S. 6.

Die Verben auf -er: Besonderheiten im Schriftbild

16 ennuyer (langweilen)

Présent		Passé composé	
j' ennuie [-nɥi]	nous ennuyons	j'ai ennuyé	nous avons ennuyé
tu ennuies	vous ennuyez	tu as ennuyé	vous avez ennuyé
il ennuie	ils ennuient	il a ennuyé	ils ont ennuyé

Impératif			Futur composé	
Ennuie…	Ennuyons…	Ennuyez…	je vais ennuyer	nous allons ennuyer

Imparfait		Plus-que-parfait	
j' ennuyais	nous ennuyions	j'avais ennuyé	nous avions ennuyé
tu ennuyais	vous ennuyiez	tu avais ennuyé	vous aviez ennuyé
il ennuyait	ils ennuyaient	il avait ennuyé	ils avaient ennuyé

Futur simple		Futur antérieur	
j' ennuierai	nous ennuierons	j'aurai ennuyé	nous aurons ennuyé
tu ennuieras	vous ennuierez	tu auras ennuyé	vous aurez ennuyé
il ennuiera	ils ennuieront	il aura ennuyé	ils auront ennuyé

Conditionnel présent		Conditionnel passé	
j' ennuierais	nous ennuierions	j'aurais ennuyé	nous aurions ennuyé
tu ennuierais	vous ennuieriez	tu aurais ennuyé	vous auriez ennuyé
il ennuierait	ils ennuieraient	il aurait ennuyé	ils auraient ennuyé

Subjonctif présent		Subjonctif passé	
que j' ennuie	que nous ennuyions	que j'aie ennuyé	que nous ayons ennuyé
que tu ennuies	que vous ennuyiez	que tu aies ennuyé	que vous ayez ennuyé
qu'il ennuie	qu'ils ennuient	qu'il ait ennuyé	qu'ils aient ennuyé

Passé simple		Passé antérieur	
il ennuya	ils ennuyèrent	il eut ennuyé	ils eurent ennuyé

Participe présent	Gérondif
ennuyant	en ennuyant

- Die Konjugation der Verben auf **-uyer** ist nahezu regelmäßig; vor nicht hörbarem, nur geschriebenem **e** steht ein **i** statt einem **y**, z. B. *j'ennuie*.
- In der ersten und zweiten Person Plural im **Imparfait** und im **Subjonctif** darf das **i** nach dem **y** nicht vergessen werden.
- Ebenso: **appuyer (sur)** (drücken [auf]), ***s'appuyer (sur/contre)** (sich stützen, verlassen (auf) / anlehnen (an)); ***s'ennuyer** (sich langweilen), **essuyer** (abtrocknen, abwischen).
- Weitere Informationen zu Verben auf -er → *regarder*, S. 13.
- Zur *liaison phonétique* (Bindung) zwischen zwei Wörtern → S. 6.

Die Verben auf -dre

17 rendre (zurückgeben)

Présent		Passé composé	
je rend**s**	nous rend**ons**	j'**ai** rend**u**	nous avons rendu
tu rend**s**	vous rend**ez**	tu as rendu	vous avez rendu
il ren**d**	ils rend**ent**	il a rendu	ils ont rendu
Impératif		**Futur composé**	
Rend**s**... Rend**ons**... Rend**ez**...		je **vais** rendre	nous allons rendre
Imparfait		**Plus-que-parfait**	
je me rend**ais**	nous nous rend**ions**	j'**avais** rend**u**	nous avions rendu
tu te rend**ais**	vous vous rend**iez**	tu avais rendu	vous aviez rendu
il se rend**ait**	ils se rend**aient**	il avait rendu	ils avaient rendu
Futur simple		**Futur antérieur**	
je rendr**ai**	nous rendr**ons**	j'**aurai** rend**u**	nous aurons rendu
tu rendr**as**	vous rendr**ez**	tu auras rendu	vous aurez rendu
il rendr**a**	ils rendr**ont**	il aura rendu	ils auront rendu
Conditionnel présent		**Conditionnel passé**	
je rendr**ais**	nous rendr**ions**	j'**aurais** rend**u**	nous aurions rendu
tu rendr**ais**	vous rendr**iez**	tu aurais rendu	vous auriez rendu
il rendr**ait**	ils rendr**aient**	il aurait rendu	ils auraient rendu
Subjonctif présent		**Subjonctif passé**	
que je rend**e**	que nous rend**ions**	que j'**aie** rend**u**	que nous ayons rendu
que tu rend**es**	que vous rend**iez**	que tu aies rendu	que vous ayez rendu
qu'il rend**e**	qu'ils rend**ent**	qu'il ait rendu	qu'ils aient rendu
Passé simple		**Passé antérieur**	
il rend**it**	ils se rend**irent**	il **eut** rend**u**	ils eurent rendu
Renducipe présent		**Gérondif**	
rend**ant**		en rend**ant**	

- Die Verben auf **-dre** haben im **Präsens** die Endungen **s, s, d, ons, ez, ent**, von denen nur die Endungen *ons* [õ] und *ez* [e] ausgesprochen werden.

- Die meisten Verben auf *-dre* bilden das **Passé composé** und die anderen zusammengesetzten Zeiten (außer dem *Futur composé*) mit **avoir** und dem **Participe passé** des Verbs (auf **-u**).

- Ebenso: **attendre** (warten), **correspondre** (entsprechen), **défendre** (verteidigen), *****descendre** (hinuntergehen), **entendre** (hören), **étendre** (ausstrecken, ausbreiten), **perdre** (verlieren), **prétendre** (behaupten), **répondre** ([be]antworten), *****se rendre à** (sich begeben nach/zu), **vendre** (verkaufen).
Beachte: descendre: Bei intransitivem Gebrauch (dt.: hinuntergehen, aussteigen) werden die zusammengesetzten Zeiten mit *être*, bei transitivem Gebrauch (dt.: etw. hinunterbringen) mit *avoir* gebildet: *Elle **est descendue** à la station Louvre. Arrivée chez elle, elle **a descendu** le vin à la cave.*

- **Futur simple/Conditionnel présent**: Die Endungen werden an das **-r** des **Infinitivs** angehängt.

Die Verben auf -ir mit Stammverkürzung

18 dormir (schlafen)

Présent		Passé composé	
je **dors**	nous dorm**ons**	j'ai dorm**i**	nous avons dormi
tu **dors**	vous dorm**ez**	tu as dormi	vous avez dormi
il **dort**	ils dorm**ent**	il a dormi	ils ont dormi

Impératif			Futur composé	
Dors…	Dorm**ons**…	Dorm**ez**…	je **vais** dormir	nous allons dormir

Imparfait		Plus-que-parfait	
je dorm**ais**	nous dorm**ions**	j'**avais** dorm**i**	nous avions dormi
tu dorm**ais**	vous dorm**iez**	tu avais dormi	vous aviez dormi
il dorm**ait**	ils dorm**aient**	il avait dormi	ils avaient dormi

Futur simple		Futur antérieur	
je dormi**rai**	nous dormi**rons**	j'**aurai** dorm**i**	nous aurons dormi
tu dormi**ras**	vous dormi**rez**	tu auras dormi	vous aurez dormi
il dormi**ra**	ils dormi**ront**	il aura dormi	ils auront dormi

Conditionnel présent		Conditionnel passé	
je dormi**rais**	nous dormi**rions**	j'**aurais** dorm**i**	nous aurions dormi
tu dormi**rais**	vous dormi**riez**	tu aurais dormi	vous auriez dormi
il dormi**rait**	ils dormi**raient**	il aurait dormi	ils auraient dormi

Subjonctif présent		Subjonctif passé	
que je dorm**e**	que nous dorm**ions**	que j'**aie** dormi	que nous ayons dormi
que tu dorm**es**	que vous dorm**iez**	que tu aies dormi	que vous ayez dormi
qu'il dorm**e**	qu'ils dorm**ent**	qu'il ait dormi	qu'ils aient dormi

Passé simple		Passé antérieur	
il dorm**it**	ils dorm**irent**	il **eut** dorm**i**	ils eurent dormi

Dormicipe présent	Gérondif
dorm**ant**	en dorm**ant**

- **Dormir** gehört zu der Gruppe der Verben auf **-ir**, deren Stamm im Singular Präsens verkürzt wird (**dor-**) und die keine Stammerweiterung im Plural haben (*nous dormons* im Gegensatz zu *nous finissons*, → *finir*, S. 32); die Endungen lauten im Präsens **s, s, t, ons, ez, ent**.
- Wie die meisten Verben auf **-ir** bildet *dormir* das **Passé composé** und die anderen zusammengesetzten Zeiten (außer dem *Futur composé*) mit **avoir** und dem **Participe passé** des Verbs (auf **-i**).
- Die reflexiven Verben **s'endormir** (einschlafen) und **se rendormir** (wieder einschlafen) bilden die zusammengesetzten Zeiten mit **être**: Hier soir, elle s'est endormi**e** très tard.
- **Futur simple/Conditionnel présent:** Die Endungen werden an das **-r des Infinitivs** angehängt.
- Nach demselben Muster wird **bouillir** (kochen, zum Kochen bringen) konjugiert: Stammverkürzung im Singular Präsens (**bou-**) + Endungen **s, s, t**.

Die Verben auf *-ir* mit Stammverkürzung

19 *se sentir (sich fühlen)

Présent		Passé composé	
je me **sens**	nous nous sent**ons**	je me suis sent**i(e)**	nous nous sommes sent**i(e)s**
tu te **sens**	vous vous sent**ez**	tu t'es sent**i(e)**	vous vous êtes sent**i(e, s, es)**
il se **sent**	ils se sent**ent**	il, elle s'est sent**i(e)**	ils, elles se sont sent**i(e)s**
Impératif		**Futur composé**	
Sens-toi… Sent**ons**-nous… Sent**ez**-vous…		je **vais** me sentir	nous allons nous sentir
Imparfait		**Plus-que-parfait**	
je me sent**ais**	nous nous sent**ions**	je m'**étais** sent**i(e)**	nous nous étions sent**i(e)s**
tu te sent**ais**	vous vous sent**iez**	tu t'étais sent**i(e)**	vous vous étiez sent**i(e, s, es)**
il se sent**ait**	ils se sent**aient**	il, elle s'était sent**i(e)**	ils, elles s'étaient sent**i(e)s**
Futur simple		**Futur antérieur**	
je me sent**irai**	nous nous sent**irons**	je me **serai** sent**i(e)**	nous nous serons sent**i(e)s**
tu te sent**iras**	vous vous sent**irez**	tu te seras sent**i(e)**	vous vous serez sent**i(e, s, es)**
il se sent**ira**	ils se sent**iront**	il, elle se sera sent**i(e)**	ils, elles se seront sent**i(e)s**
Conditionnel présent		**Conditionnel passé**	
je me sent**irais**	nous nous sent**irions**	je me **serais** sent**i(e)**	nous nous serions sent**i(e)s**
tu te sent**irais**	vous vous sent**iriez**	tu te serais sent**i(e)**	vous vous seriez sent**i(e, s, es)**
il se sent**irait**	ils se sent**iraient**	il se serait sent**i(e)**	ils, elles se seraient sent**i(e)s**
Subjonctif présent		**Subjonctif passé**	
que je me sent**e**	que nous nous sent**ions**	que je me **sois** sent**i(e)**	que nous nous soyons sent**i(e)s**
que tu te sent**es**	que vous vous sent**iez**	que tu te sois sent**i(e)**	que vous vous soyez sent**i(e, s, es)**
qu'il se sent**e**	qu'ils se sent**ent**	qu'il se soit sent**i(e)**	qu' ils, elles se soient sent**i(e)s**
Passé simple		**Passé antérieur**	
il se sent**it**	ils se sent**irent**	il, elle se **fut** sent**i(e)**	ils, elles se furent sent**i(e)s**
Senticipe présent		**Gérondif**	
se sent**ant**		en se sent**ant**	

- *Se sentir* gehört zu der Gruppe der Verben auf *ir*, deren Stamm im Singular Präsens verkürzt wird (*sen-*) und die keine Stammerweiterung im Plural haben (*nous nous sentons* im Gegensatz zu *nous finissons*, → *finir*, S. 32); die Endungen lauten im Präsens **s, s, t, ons, ez, ent**.
- Ebenso: **se repentir de qc* (etw. bereuen); mit *avoir* werden konjugiert: *consentir* (zustimmen), *pressentir* (ahnen), *ressentir* (spüren, empfinden), *sentir* (riechen), *mentir* (lügen), *démentir* (widerlegen, widersprechen). Das **Participe passé** endet in allen Fällen auf *-i*.
- **Futur simple/Conditionnel présent**: Die Endungen werden an das **-r des Infinitivs** angehängt.

Die Verben auf -ir mit Stammverkürzung

20 servir (dienen, bedienen)

Présent		Passé composé	
je s**ers**	nous serv**ons**	j'**ai** servi	nous avons servi
tu s**ers**	vous serv**ez**	tu as servi	vous avez servi
il s**ert**	ils serv**ent**	il a servi	ils ont servi
Impératif		**Futur composé**	
S**ers**… Serv**ons**… Serv**ez**…		je **vais** servir	nous allons servir
Imparfait		**Plus-que-parfait**	
je serv**ais**	nous serv**ions**	j'**avais** servi	nous avions servi
tu serv**ais**	vous serv**iez**	tu avais servi	vous aviez servi
il serv**ait**	ils serv**aient**	il avait servi	ils avaient servi
Futur simple		**Futur antérieur**	
je servir**ai**	nous servir**ons**	j'**aurai** servi	nous aurons servi
tu servir**as**	vous servir**ez**	tu auras servi	vous aurez servi
il servir**a**	ils servir**ont**	il aura servi	ils auront servi
Conditionnel présent		**Conditionnel passé**	
je servir**ais**	nous servir**ions**	j'**aurais** servi	nous aurions servi
tu servir**ais**	vous servir**iez**	tu aurais servi	vous auriez servi
il servir**ait**	ils servir**aient**	il aurait servi	ils auraient servi
Subjonctif présent		**Subjonctif passé**	
que je serv**e**	que nous serv**ions**	que j'**aie** servi	que nous ayons servi
que tu serv**es**	que vous serv**iez**	que tu aies servi	que vous ayez servi
qu'il serv**e**	qu'ils serv**ent**	qu'il ait servi	qu'ils aient servi
Passé simple		**Passé antérieur**	
il serv**it**	ils serv**irent**	il **eut** servi	ils eurent servi
Servicipe présent		**Gérondif**	
serv**ant**		en serv**ant**	

- **Servir** gehört zu der Gruppe der Verben auf *ir*, deren Stamm im Singular Präsens verkürzt wird (**ser-**) und die keine Stammerweiterung im Plural haben (*nous servons* im Gegensatz zu *nous finissons*, → *finir*, S. 32); die Endungen lauten im Präsens **s, s, t, ons, ez, ent**.
- Wie die meisten Verben auf *-ir* bildet *servir* das **Passé composé** und die anderen zusammengesetzten Zeiten (außer dem *Futur composé*) mit **avoir** und dem **Participe passé** des Verbs (auf **-i**).
- Ebenso: **desservir (un lieu)** ((einen Ort) anfahren, (an einem Ort) halten), **se servir** (sich bedienen).
- **Futur simple/Conditionnel présent**: Die Endungen werden an das **-r des Infinitivs** angehängt.

Die Verben auf -ir mit Stammverkürzung

21 *sortir (hinausgehen; ausgehen)

Présent		Passé composé	
je **sors**	nous sort**ons**	je **suis** sorti(e)	nous sommes sorti(e)s
tu **sors**	vous sort**ez**	tu es sorti(e)	vous êtes sorti(e, s, es)
il **sort**	ils sort**ent**	il, elle est sorti(e)	ils, elles sont sorti(e)s

Impératif			Futur composé	
Sors…	Sort**ons**…	Sort**ez**…	je **vais** sortir	nous allons sortir

Imparfait		Plus-que-parfait	
je sort**ais**	nous sort**ions**	j'**étais** sorti(e)	nous étions sorti(e)s
tu sort**ais**	vous sort**iez**	tu étais sorti(e)	vous étiez sorti(e, s, es)
il sort**ait**	ils sort**aient**	il, elle était sorti(e)	ils, elles étaient sorti(e)s

Futur simple		Futur antérieur	
je sortir**ai**	nous sortir**ons**	je **serai** sorti(e)	nous serons sorti(e)s
tu sortir**as**	vous sortir**ez**	tu seras sorti(e)	vous serez sorti(e, s, es)
il sortir**a**	ils sortir**ont**	il, elle sera sorti(e)	ils, elles seront sorti(e)s

Conditionnel présent		Conditionnel passé	
je sortir**ais**	nous sortir**ions**	je **serais** sorti(e)	nous serions sorti(e)s
tu sortir**ais**	vous sortir**iez**	tu serais sorti(e)	vous seriez sorti(e, s, es)
il sortir**ait**	ils sortir**aient**	il, elle serait sorti(e)	ils seraient sorti(e)s

Subjonctif présent		Subjonctif passé	
que je sort**e**	que nous sort**ions**	que je **sois** sorti(e)	que nous soyons sorti(e)s
que tu sort**es**	que vous sort**iez**	que tu sois sorti(e)	que vous soyez sorti(e, s, es)
qu'il sort**e**	qu'ils sort**ent**	qu'il, elle soit sorti(e)	qu'ils, elles soient sorti(e)s

Passé simple		Passé antérieur	
il sort**it**	ils sort**irent**	il, elle **fut** sorti(e)	ils, elles furent sorti(e)s

Sorticipe présent	Gérondif
sort**ant**	en sort**ant**

- **Sortir** gehört zu der Gruppe der Verben auf **ir**, deren Stamm im Singular Präsens verkürzt wird (**sor-**) und die keine Stammerweiterung im Plural haben (*nous sortons* im Gegensatz zu *nous finissons*, → *finir*, S. 32); die Endungen lauten im Präsens **s**, **s**, **t**, **ons**, **ez**, **ent**.

- Ebenso: ***partir** (weggehen), ***repartir** (wieder abreisen), ***ressortir** (wieder [hin]ausgehen); diese Verben bilden alle das **Passé composé** und die anderen zusammengesetzten Zeiten (außer dem *Futur composé*) mit *être* und dem **Participe passé -i**.
  Beachte: *(res)sortir*: Bei intransitivem Gebrauch (dt.: (wieder) [hin]ausgehen) werden die zusammengesetzten Zeiten mit *être*, bei transitivem Gebrauch (dt.: etw. (wieder) herausholen) mit *avoir* gebildet: *Hier soir, elle **est sortie** avec son nouveau copain. Papa **a sorti** les valises de la voiture.*

- **Futur simple/Conditionnel présent**: Die Endungen werden an das **-r des Infinitivs** angehängt.

Die Verben auf -ir mit Stammerweiterung

22 finir (enden, beenden)

Présent		Passé composé	
je finis	nous finissons	j'ai fini	nous avons fini
tu finis	vous finissez	tu as fini	vous avez fini
il finit	ils finissent	il a fini	ils ont fini

Impératif			Futur composé	
Finis…	Finissons…	Finissez…	je vais finir	nous allons finir

Imparfait		Plus-que-parfait	
je finissais	nous finissions	j'avais fini	nous avions fini
tu finissais	vous finissiez	tu avais fini	vous aviez fini
il finissait	ils finissaient	il avait fini	ils avaient fini

Futur simple		Futur antérieur	
je finirai	nous finirons	j'aurai fini	nous aurons fini
tu finiras	vous finirez	tu auras fini	vous aurez fini
il finira	ils finiront	il aura fini	ils auront fini

Conditionnel présent		Conditionnel passé	
je finirais	nous finirions	j'aurais fini	nous aurions fini
tu finirais	vous finiriez	tu aurais fini	vous auriez fini
il finirait	ils finiraient	il aurait fini	ils auraient fini

Subjonctif présent		Subjonctif passé	
que je finisse	que nous finissions	que j'aie fini	que nous ayons fini
que tu finisses	que vous finissiez	que tu aies fini	que vous ayez fini
qu'il finisse	qu'ils finissent	qu'il ait fini	qu'ils aient fini

Passé simple		Passé antérieur	
il finit	ils finirent	il eut fini	ils eurent fini

Participe présent	Gérondif
finissant	en finissant

- Die Gruppe der Verben vom Typ **finir** hat im Präsens die Endungen **s**, **s**, **t**, **ssons**, **ssez**, **ssent**. Die Stammerweiterung im Plural durch -**ss**- ist auch bei der Bildung des **Imparfait** und **Subjonctif** zu beachten. Im **Futur simple**/**Conditionnel présent** werden die Endungen an das -**r** des Infinitivs angehängt.

- Wie die meisten Verben auf -*ir* bildet *finir* das **Passé composé** und die anderen zusammengesetzten Zeiten (außer dem *Futur composé*) mit **avoir** und dem **Participe passé** des Verbs (auf -**i**).

- Ebenso: **(*s')agir** ([sich] handeln), **applaudir** (applaudieren), **avertir** (benachrichtigen), **démolir** (zerstören), **envahir** (*un pays*) ((ein Land) überfallen), **fournir** (liefern), **grandir** (wachsen), **grossir** (zunehmen), **maigrir** (abnehmen), **obéir** (gehorchen), **punir** (bestrafen), **réagir** (reagieren), **réfléchir** (nachdenken), **remplir** (füllen), **se réunir** (sich versammeln, zusammentreffen), **réussir** (gelingen), **rougir** (erröten), **vieillir** (altern).

Unregelmäßige Verben auf -er

23 *aller (gehen, fahren)

Présent			Passé composé		
	je vais	nous allons		je suis allé(e)	nous sommes allé(e)s
	tu vas	vous allez		tu es allé(e)	vous êtes allé(e, s, es)
	il va	ils vont		il, elle est allé(e)	ils, elles sont allé(e)s
Impératif			**Futur composé**		
Va… Allons… Allez…				je vais aller	nous allons aller
Imparfait			**Plus-que-parfait**		
	j' allais	nous allions		j'étais allé(e)	nous étions allé(e)s
	tu allais	vous alliez		tu étais allé(e)	vous étiez allé(e, s, es)
	il allait	ils allaient		il, elle était allé(e)	ils, elles étaient allé(e)s
Futur simple			**Futur antérieur**		
	j' irai	nous irons		je serai allé(e)	nous serons allé(e)s
	tu iras	vous irez		tu seras allé(e)	vous serez allé(e, s, es)
	il ira	ils iront		il, elle sera allé(e)	ils, elles seront allé(e)s
Conditionnel présent			**Conditionnel passé**		
	j' irais	nous irions		je serais allé(e)	nous serions allé(e)s
	tu irais	vous iriez		tu serais allé(e)	vous seriez allé(e, s, es)
	il irais	ils iraient		il serait allé(e)	ils, elles seraient allé(e)s
Subjonctif présent			**Subjonctif passé**		
	que j' aille	que nous allions		que je sois allé(e)	que nous soyons allé(e)s
	que tu ailles	que vous alliez		que tu sois allé(e)	que vous soyez allé(e, s, es)
	qu'il aille	qu'ils aillent		qu'il, elle soit allé(e)	qu'ils, elles soient allé(e)s
Passé simple			**Passé antérieur**		
	il alla	ils allèrent		il, elle fut allé(e)	ils, elles furent allé(e)s
Participe présent			**Gérondif**		
allant			en allant		

- **Aller** hat vier verschiedene Stämme: **v-/ all-/ ir- /aill-**, die zu den vielen verschiedenen Formen führen.
- Das Präsens von *aller* dient bei allen anderen Verben zur Bildung des **Futur composé**.
- Der **Imperativ Singular** ist im Unterschied zu anderen Verben mit der 3. Person Singular des Präsens identisch: *va*; folgt das Adverbialpronomen *y*, wird an das *va* ein *s* angehängt: *vas-y*.
- Ebenso: ***s'en aller** (weggehen, wegfahren). Beachte die Wortstellung: *Va-t'en! Ils s'en sont allés.*
- Zur *liaison phonétique* (Bindung) zwischen zwei Wörtern → S. 6.

Unregelmäßige Verben auf -er

24 envoyer (schicken)

Présent		Passé composé	
j' env**oie** [ãvwa]	nous‿envoyons	j'**ai** envoy**é**	nous‿avons envoyé
tu env**oies**	vous‿envoyez	tu as envoyé	vous‿avez envoyé
il env**oie**	ils‿env**oient**	il a envoyé	ils‿ont‿envoyé

Impératif			Futur composé	
Envoie…	Envoyons…	Envoyez…	je **vais**‿envoyer	nous‿allons envoyer

Imparfait		Plus-que-parfait	
j' envoyais	nous‿envo**yi**ons	j'**avais** envoy**é**	nous‿avions envoyé
tu envoyais	vous‿envo**yi**ez	tu avais envoyé	vous‿aviez envoyé
il envoyait	ils‿envoyaient	il avait‿envoyé	ils‿avaient‿envoyé

Futur simple		Futur antérieur	
je enve**rr**ai	nous‿enve**rr**ons	j'**aurai** envoy**é**	nous‿aurons envoyé
tu enve**rr**as	vous‿enve**rr**ez	tu auras envoyé	vous‿aurez envoyé
il enve**rr**a	ils‿enve**rr**ont	il aura envoyé	ils‿auront‿envoyé

Conditionnel présent		Conditionnel passé	
j' enve**rr**ais	nous‿enve**rr**ions	j'**aurais** envoy**é**	nous‿aurions envoyé
tu enve**rr**ais	vous‿enve**rr**iez	tu aurais envoyé	vous‿auriez envoyé
il enve**rr**ait	ils‿enve**rr**aient	il aurait‿envoyé	ils‿auraient‿envoyé

Subjonctif présent		Subjonctif passé	
que j' envoie	que nous‿envo**yi**ons	que j'**aie** envoy**é**	que nous‿ayons envoyé
que tu envoies	que vous‿envo**yi**ez	que tu aies envoyé	que vous‿ayez envoyé
qu'il envoie	qu'ils‿envoient	qu'il ait‿envoyé	qu'ils‿aient‿envoyé

Passé simple		Passé antérieur	
il envoy**a**	ils‿envoy**èrent**	il eut‿envoy**é**	ils‿eurent‿envoyé

Participe présent	Gérondif
envoyant	en‿envoyant

- Das Verb **envoyer** ist bis auf das **Futur simple** und das **Conditionnel présent** nahezu regelmäßig (→ *employer*, S. 25).
- Ebenso: **renvoyer** (zurückschicken).
- Zur *liaison phonétique* (Bindung) zwischen zwei Wörtern → S. 6.

Unregelmäßige Verben auf -re

25 battre (kämpfen, schlagen)

Présent		Passé composé	
je ba**ts**	nous battons	j'ai batt**u**	nous avons battu
tu ba**ts**	vous battez	tu as battu	vous avez battu
il ba**t**	ils battent	il a battu	ils ont battu

Impératif			Futur composé	
Bats…	Battons…	Battez…	je **vais** battre	nous allons battre

Imparfait		Plus-que-parfait	
je battais	nous battions	j'avais batt**u**	nous avions battu
tu battais	vous battiez	tu avais battu	vous aviez battu
il battait	ils battaient	il avait battu	ils avaient battu

Futur simple		Futur antérieur	
je batt**r**ai	nous batt**r**ons	j'aurai batt**u**	nous aurons battu
tu batt**r**as	vous batt**r**ez	tu auras battu	vous aurez battu
il batt**r**a	ils batt**r**ont	il aura battu	ils auront battu

Conditionnel présent		Conditionnel passé	
je batt**r**ais	nous batt**r**ions	j'aurais batt**u**	nous aurions battu
tu batt**r**ais	vous batt**r**iez	tu aurais battu	vous auriez battu
il batt**r**ait	ils batt**r**aient	il aurait battu	ils auraient battu

Subjonctif présent		Subjonctif passé	
que je batte	que nous battions	que j'**aie** batt**u**	que nous ayons battu
que tu battes	que vous battiez	que tu aies battu	que vous ayez battu
qu'il batte	qu'ils battent	qu'il ait battu	qu'ils aient battu

Passé simple		Passé antérieur	
il batt**it**	ils batt**irent**	il **eut** batt**u**	ils eurent battu

Participe présent	Gérondif
battant	en battant

- **Battre** weist bei der Bildung der Tempora viele Gemeinsamkeiten mit den Verben auf **-dre** auf (→ *rendre*, S. 17), nur im Präsens Singular gibt es Sonderformen.
- Wie die meisten Verben auf *-dre* bildet *battre* das **Passé composé** und die anderen zusammengesetzten Zeiten (außer dem *Futur composé*) mit **avoir** und dem **Participe passé** des Verbs (auf **-u**).
- **Futur simple / Conditionnel présent**: Die Endungen werden an das **-r des Infinitivs** angehängt.
- Ebenso: **abattre** (töten; abreißen, fällen), **combattre** (kämpfen, bekämpfen), **débattre** (diskutieren).

Unregelmäßige Verben auf -re

26 boire (trinken)

Présent		Passé composé	
je bois	nous buvons	j'ai bu	nous avons bu
tu bois	vous buvez	tu as bu	vous avez bu
il boit	ils boivent	il a bu	ils ont bu
Impératif		**Futur composé**	
Bois... Buvons... Buvez...		je vais boire	nous allons boire
Imparfait		**Plus-que-parfait**	
je buvais	nous buvions	j'avais bu	nous avions bu
tu buvais	vous buviez	tu avais bu	vous aviez bu
il buvait	ils buvaient	il avait bu	ils avaient bu
Futur simple		**Futur antérieur**	
je boirai	nous boirons	j'aurai bu	nous aurons bu
tu boiras	vous boirez	tu auras bu	vous aurez bu
il boira	ils boiront	il aura bu	ils auront bu
Conditionnel présent		**Conditionnel passé**	
je boirais	nous boirions	j'aurais bu	nous aurions bu
tu boirais	vous boiriez	tu aurais bu	vous auriez bu
il boirait	ils boiraient	il aurait bu	ils auraient bu
Subjonctif présent		**Subjonctif passé**	
que je boive	que nous buvions	que j'aie bu	que nous ayons bu
que tu boives	que vous buviez	que tu aies bu	que vous ayez bu
qu'il boive	qu'ils boivent	qu'il ait bu	qu'ils aient bu
Passé simple		**Passé antérieur**	
il but	ils burent	il eut bu	ils eurent bu
Participe présent		**Gérondif**	
buvant		en buvant	

- *Boire* hat **zwei Stämme**: **boi(v)-** und **bu-**, die in den verschiedenen Zeiten und Modi zu beachten sind.
- Die Endungen im Präsens Singular lauten **s**, **s**, **t**.
- *Futur simple / Conditionnel présent*: Die Endungen werden an das **-r des Infinitivs** angehängt.
- **Beachte**: boire **dans** un verre (**aus** einem Glas trinken).
- *Boire* kann bei bestimmten Ausdrücken auch reflexiv gebraucht werden:
  Le thé se boit chaud. (Der Tee wird heiß getrunken.)

Unregelmäßige Verben auf -re

27 conclure (folgern)

Présent		Passé composé	
je conclus	nous concluons	j'ai conclu	nous avons conclu
tu conclus	vous concluez	tu as conclu	vous avez conclu
il conclu**t**	ils concluent	il a conclu	ils ont conclu

Impératif			Futur composé	
Conclus …	Concluons …	Concluez …	je **vais** conclure	nous allons conclure

Imparfait		Plus-que-parfait	
je concluais	nous concluions	j'avais conclu	nous avions conclu
tu concluais	vous concluiez	tu avais conclu	vous aviez conclu
il concluait	ils concluaient	il avait conclu	ils avaient conclu

Futur simple		Futur antérieur	
je conclurai	nous conclurons	j'aurai conclu	nous aurons conclu
tu concluras	vous conclurez	tu auras conclu	vous aurez conclu
il conclura	ils concluront	il aura conclu	ils auront conclu

Conditionnel présent		Conditionnel passé	
je conclurais	nous conclurions	j'aurais conclu	nous aurions conclu
tu conclurais	vous concluriez	tu aurais conclu	vous auriez conclu
il conclurait	ils concluraient	il aurait conclu	ils auraient conclu

Subjonctif présent		Subjonctif passé	
que je conclue	que nous concluions	que j'aie conclu	que nous ayons conclu
que tu conclues	que vous concluiez	que tu aies conclu	que vous ayez conclu
qu'il conclue	qu'ils concluent	qu'il ait conclu	qu'ils aient conclu

Passé simple		Passé antérieur	
il concl**ut**	ils concl**urent**	il **eut** conclu	ils eurent conclu

Participe présent	Gérondif
concluant	en concluant

- **Conclure** weist bei der Bildung der Tempora viele Gemeinsamkeiten mit den Verben auf **-dre** auf (→ rendre, S. 17), in der **3. Person Singular des Präsens** gibt es eine Abweichung: an den Stamm -conclu muss ein **t** angehängt werden; im **Passé Simple** lauten die Endungen **-ut** bzw. **-urent**.
- **Futur simple / Conditionnel présent**: Die Endungen werden an das **-r des Infinitivs** angehängt.
- Ebenso: **exclure** (ausschließen).
- **Inclure** (einschließen) wird in den einfachen Formen wie **conclure** konjugiert. In den zusammengesetzten Zeiten lautet das **Participe passé** aber **inclus**. Inclus wird häufig im Schriftverkehr verwendet, wenn man dem Schreiben etwas beifügt: *Vous trouverez ci-inclus…* (Sie finden beigelegt / im Anhang …).

Unregelmäßige Verben auf -re

28 conduire (fahren, lenken)

Présent		Passé composé	
je condui**s**	nous conduisons [-zõ]	j'ai conduit	nous avons conduit
tu condui**s**	vous conduisez [-ze]	tu as conduit	vous avez conduit
il condui**t**	ils conduisent [-z]	il a conduit	ils ont conduit

Impératif			Futur composé	
Conduis…	Conduisons …	Conduisez …	je **vais** conduire	nous allons conduire

Imparfait		Plus-que-parfait	
je conduisais	nous conduisions	j'**avais** conduit	nous avions conduit
tu conduisais	vous conduisiez	tu avais conduit	vous aviez conduit
il conduisait	ils conduisaient	il avait conduit	ils avaient conduit

Futur simple		Futur antérieur	
je conduirai	nous conduirons	j'**aurai** conduit	nous aurons conduit
tu conduiras	vous conduirez	tu auras conduit	vous aurez conduit
il conduira	ils conduiront	il aura conduit	ils auront conduit

Conditionnel présent		Conditionnel passé	
je conduirais	nous conduirions	j'**aurais** conduit	nous aurions conduit
tu conduirais	vous conduiriez	tu aurais conduit	vous auriez conduit
il conduirait	ils conduiraient	il aurait conduit	ils auraient conduit

Subjonctif présent		Subjonctif passé	
que je conduise	que nous conduisions	que j'**aie** conduit	que nous ayons conduit
que tu conduises	que vous conduisiez	que tu aies conduit	que vous ayez conduit
qu'il conduise	qu'ils conduisent	qu'il ait conduit	qu'ils aient conduit

Passé simple		Passé antérieur	
il conduisit	ils conduisirent	il **eut** conduit	ils eurent conduit

Participe présent	Gérondif
conduisant	en conduisant

- Die Endungen im Präsens Singular lauten **s**, **s**, **t**.
- Im Präsens Plural und den davon abgeleiteten Formen ist das stimmhaft ausgesprochene **-s-** zu beachten: **nous conduisons** [kõdɥizõ].
- Das **s** aus dem Präsens Plural darf bei der Bildung folgender Formen nicht vergessen werden: *Imparfait, Subjonctif, Passé simple* und *Participe présent/Gérondif*.
- **Futur simple / Conditionnel présent**: Die Endungen werden an das **-r** des Infinitivs angehängt.
- Ebenso: **introduire** (einführen), **produire** (produzieren), **réduire** (reduzieren), **séduire** (verführen), **traduire** (übersetzen).
- **Beachte**: Bei *conduire* in Verbindung mit einem Fahrzeug ist die Person immer der „Lenker": *Il **conduit** une Renault*; aber: *Il **va** en vacances en voiture*.

Unregelmäßige Verben auf -re

29 connaître (kennen)

Présent		Passé composé	
je conna**is**	nous connai**ss**ons	j'**ai** connu	nous avons connu
tu conna**is**	vous connai**ss**ez	tu as connu	vous avez connu
il conna**ît**	ils connai**ss**ent	il a connu	ils ont connu

Impératif			Futur composé	
Connais…	Connaissons…	Connaissez…	je **vais** connaître	nous allons connaître

Imparfait		Plus-que-parfait	
je connaissais	nous connaissions	j'**avais** connu	nous avions connu
tu connaissais	vous connaissiez	tu avais connu	vous aviez connu
il connaissait	ils connaissaient	il avait connu	ils avaient connu

Futur simple		Futur antérieur	
je connaîtrai	nous connaîtrons	j'**aurai** connu	nous aurons connu
tu connaîtras	vous connaîtrez	tu auras connu	vous aurez connu
il connaîtra	ils connaîtront	il aura connu	ils auront connu

Conditionnel présent		Conditionnel passé	
je connaîtrais	nous connaîtrions	j'**aurais** connu	nous aurions connu
tu connaîtrais	vous connaîtriez	tu aurais connu	vous auriez connu
il connaîtrait	ils connaîtraient	il aurait connu	ils auraient connu

Subjonctif présent		Subjonctif passé	
que je connaisse	que nous connaissions	que j'**aie** connu	que nous ayons connu
que tu connaisses	que vous connaissiez	que tu aies connu	que vous ayez connu
qu'il connaisse	qu'ils connaissent	qu'il ait connu	qu'ils aient connu

Passé simple		Passé antérieur	
il conn**ut**	ils conn**urent**	il **eut** connu	ils eurent connu

Participe présent	Gérondif
connaissant	en connaissant

- Die Endungen im Präsens Singular lauten **s**, **s**, **t**.
- Vor **t** kommt auf das *i* ein *accent circonflexe*: *î* → *il conna**î**t, je conna**î**trai(s)*.
- Im Präsens und bei den davon abgeleiteten Zeiten und Modi muss man auf das Doppel-**s** achten: *nous connai**ss**ons, je connai**ss**ais, que je connai**ss**e, (en) connai**ss**ant*.
- Der Vollständigkeit halber sind hier die Formen des *Impératif* angegeben, obwohl sie im Sprachgebrauch nur selten vorkommen.
- **Futur simple / Conditionnel présent**: Die Endungen werden an das **-r des Infinitivs** angehängt.
- Ebenso: **méconnaître** (verkennen), **reconnaître** (wieder erkennen).

39

Unregelmäßige Verben auf -re

30 construire (bauen)

Présent		Passé composé	
je construi**s**	nous construi**s**ons [-zõ]	j'**ai** construi**t**	nous_avons construit
tu construi**s**	vous construi**s**ez [-ze]	tu as construit	vous_avez construit
il construi**t**	ils construi**s**ent [-z]	il a construit	ils_ont construit
Impératif		**Futur composé**	
Construis… Construisons… Construisez…		je **vais** construire	nous_allons construire
Imparfait		**Plus-que-parfait**	
je construisais	nous construisions	j'**avais** construi**t**	nous_avions construit
tu construisais	vous construisiez	tu avais construit	vous_aviez construit
il construisait	ils construisaient	il avait construit	ils_avaient construit
Futur simple		**Futur antérieur**	
je construirai	nous construirons	j'**aurai** construi**t**	nous_aurons construit
tu construiras	vous construirez	tu auras construit	vous_aurez construit
il construira	ils construiront	il aura construit	ils_auront construit
Conditionnel présent		**Conditionnel passé**	
je construirais	nous construirions	j'**aurais** construi**t**	nous aurions construit
tu construirais	vous construiriez	tu aurais construit	vous_auriez construit
il construirait	ils construiraient	il aurait construit	ils_auraient construit
Subjonctif présent		**Subjonctif passé**	
que je construise	que nous construisions	que j'**aie** construi**t**	que nous_ayons construit
que tu construises	que vous construisiez	que tu aies construit	que vous_ayez construit
qu'il construise	qu'ils construisent	qu'il ait construit	qu'ils_aient construit
Passé simple		**Passé antérieur**	
il construi**sit**	ils construi**sirent**	il **eut** construi**t**	ils_eurent construit
Participe présent		**Gérondif**	
construisant		en construisant	

- Die Endungen im Präsens Singular lauten **s**, **s**, **t**.
- Im Präsens Plural und den davon abgeleiteten Formen ist das stimmhaft ausgesprochene **-s-** zu beachten: **nous construi_s_ons** [kõstʀɥizõ].
- Das **s** aus dem Präsens Plural darf bei der Bildung folgender Formen nicht vergessen werden: *Imparfait, Subjonctif, Passé simple* und *Participe présent / Gérondif.*
- **Futur simple / Conditionnel présent**: Die Endungen werden an das **-r des Infinitivs** angehängt.
- Ebenso: **détruire** (zerstören), **instruire** (unterweisen), **reconstruire** (wieder aufbauen).

Unregelmäßige Verben auf *-re*

31 convaincre (überzeugen)

Présent		Passé composé	
je convain**cs**	nous convain**qu**ons	j'ai convaincu	nous avons convaincu
tu convain**cs**	vous convain**qu**ez	tu as convaincu	vous avez convaincu
il convain**c**	ils convain**qu**ent	il a convaincu	ils ont convaincu
Impératif		**Futur composé**	
Convaincs… Convainquons… Convainquez…		je **vais** convaincre	nous allons convaincre
Imparfait		**Plus-que-parfait**	
je convainquais	nous convainquions	j'**avais** convaincu	nous avions convaincu
tu convainquais	vous convainquiez	tu avais convaincu	vous aviez convaincu
il convainquait	ils convainquaient	il avait convaincu	ils avaient convaincu
Futur simple		**Futur antérieur**	
je convaincrai	nous convaincrons	j'**aurai** convaincu	nous aurons convaincu
tu convaincras	vous convaincrez	tu auras convaincu	vous aurez convaincu
il convaincra	ils convaincront	il aura convaincu	ils auront convaincu
Conditionnel présent		**Conditionnel passé**	
je convaincrais	nous convaincrions	j'**aurais** convaincu	nous aurions convaincu
tu convaincrais	vous convaincriez	tu aurais convaincu	vous auriez convaincu
il convaincrait	ils convaincraient	il aurait convaincu	ils auraient convaincu
Subjonctif présent		**Subjonctif passé**	
que je convainque	que nous convainquions	que j'**aie** convaincu	que nous ayons convaincu
que tu convainques	que vous convainquiez	que tu aies convaincu	que vous ayez convaincu
qu'il convainque	qu'ils convainquent	qu'il ait convaincu	qu'ils aient convaincu
Passé simple		**Passé antérieur**	
il convain**quit**	ils convain**quirent**	il **eut** convaincu	ils eurent convaincu
Participe présent		**Gérondif**	
convainquant		en convainquant	

- Die Endungen im Präsens Singular lauten **cs**, **cs**, **c**.
- Im Präsens Plural und bei den davon abgeleiteten Formen ist der Wechsel von **c** zu **qu** zu beachten: **il convainc – ils convainquent**.
- **Futur simple/Conditionnel présent**: Die Endungen werden an das **-r des Infinitivs** angehängt.
- Ebenso: **vaincre** (siegen, besiegen).

Unregelmäßige Verben auf -re

32 coudre (nähen)

Présent		Passé composé	
je cou**ds**	nous cou**s**ons [kuzõ]	j'ai cou**su**	nous avons cousu
tu cou**ds**	vous cou**s**ez [kuze]	tu as cousu	vous avez cousu
il cou**d**	ils cou**s**ent [kuz]	il a cousu	ils ont cousu
Impératif		**Futur composé**	
Cou**ds**... Cou**s**ons... Cou**s**ez...		je **vais** coudre	nous allons coudre
Imparfait		**Plus-que-parfait**	
je cousais	nous cousions	j'**avais** cou**s**u	nous avions cousu
tu cousais	vous cousiez	tu avais cousu	vous aviez cousu
il cousait	ils cousaient	il avait cousu	ils avaient cousu
Futur simple		**Futur antérieur**	
je coud**r**ai	nous coud**r**ons	j'**aurai** cou**s**u	nous aurons cousu
tu coud**r**as	vous coud**r**ez	tu auras cousu	vous aurez cousu
il coud**r**a	ils coud**r**ont	il aura cousu	ils auront cousu
Conditionnel présent		**Conditionnel passé**	
je coud**r**ais	nous coud**r**ions	j'**aurais** cou**s**u	nous aurions cousu
tu coud**r**ais	vous coud**r**iez	tu aurais cousu	vous auriez cousu
il coud**r**ait	ils coud**r**aient	il aurait cousu	ils auraient cousu
Subjonctif présent		**Subjonctif passé**	
que je couse	que nous cousions	que j'**aie** cou**s**u	que nous ayons cousu
que tu couses	que vous cousiez	que tu aies cousu	que vous ayez cousu
qu'il couse	qu'ils cousent	qu'il ait cousu	qu'ils aient cousu
Passé simple		**Passé antérieur**	
il cou**s**it	ils cou**s**irent	il **eut** cou**s**u	ils eurent cousu
Participe présent		**Gérondif**	
cousant		en cousant	

- **Coudre** wird im Präsens Singular wie die regelmäßigen Verben auf *-dre* konjugiert: die Endungen lauten **ds**, **ds**, **d**.
- Die Formen des Präsens Plural und die davon abgeleiteten Formen sowie die des *Passé simple* und das *Participe passé* sind mit **stimmhaftem s** auszusprechen: **nous cou_s_ons** [kuzõ].
- **Futur simple/Conditionnel présent**: Die Endungen werden an das **-r des Infinitivs** angehängt.

Unregelmäßige Verben auf -re

33 craindre (fürchten)

Présent			Passé composé		
	je crain**s**	nous crai**gn**ons		j'**ai** crain**t**	nous avons craint
	tu crain**s**	vous crai**gn**ez		tu as craint	vous avez craint
	il crain**t**	ils crai**gn**ent		il a craint	ils ont craint
Impératif			**Futur composé**		
Crains…	Craignons…	Craignez…		je **vais** craindre	nous allons craindre
Imparfait			**Plus-que-parfait**		
	je craignais	nous craignions		j'**avais** crain**t**	nous avions craint
	tu craignais	vous craigniez		tu avais craint	vous aviez craint
	il craignait	ils craignaient		il avait craint	ils avaient craint
Futur simple			**Futur antérieur**		
	je craind**r**ai	nous craind**r**ons		j'**aurai** crain**t**	nous aurons craint
	tu craind**r**as	vous craind**r**ez		tu auras craint	vous aurez craint
	il craind**r**a	ils craind**r**ont		il aura craint	ils auront craint
Conditionnel présent			**Conditionnel passé**		
	je craind**r**ais	nous craind**r**ions		j'**aurais** crain**t**	nous aurions craint
	tu craind**r**ais	vous craind**r**iez		tu aurais craint	vous auriez craint
	il craind**r**ait	ils craind**r**aient		il aurait craint	ils auraient craint
Subjonctif présent			**Subjonctif passé**		
que je craigne	que nous craignions		que j'**aie** crain**t**	que nous ayons craint
que tu craignes	que vous craigniez		que tu aies craint	que vous ayez craint
qu'il craigne	qu'ils craignent		qu'il ait craint	qu'ils aient craint
Passé simple			**Passé antérieur**		
	il crai**gn**it	ils crai**gn**irent		il **eut** crain**t**	ils eurent craint
Participe présent			**Gérondif**		
	craignant			en craignant	

- Die Endungen im Präsens Singular lauten **s**, **s**, **t**.
- Im Präsens Plural und bei den davon abgeleiteten Formen ist der Wechsel von **n** zu **gn** zu beachten: **tu crai_n_s – vous crai_gn_ez**.
- *Futur simple / Conditionnel présent*: Die Endungen werden an das **-r des Infinitivs** angehängt.
- Ebenso: **contraindre** (zwingen), **se plaindre** (sich beklagen).

Unregelmäßige Verben auf -re

34 croire (glauben)

Présent		Passé composé	
je crois	nous croyons	j'ai cru	nous avons cru
tu crois	vous croyez	tu as cru	vous avez cru
il croit	ils croient	il a cru	ils ont cru
Impératif		**Futur composé**	
Crois... Croyons... Croyez...		je vais croire	nous allons croire
Imparfait		**Plus-que-parfait**	
je croyais	nous croyions	j'avais cru	nous avions cru
tu croyais	vous croyiez	tu avais cru	vous aviez cru
il croyait	ils croyaient	il avait cru	ils avaient cru
Futur simple		**Futur antérieur**	
je croirai	nous croirons	j'aurai cru	nous aurons cru
tu croiras	vous croirez	tu auras cru	vous aurez cru
il croira	ils croiront	il aura cru	ils auront cru
Conditionnel présent		**Conditionnel passé**	
je croirais	nous croirions	j'aurais cru	nous aurions cru
tu croirais	vous croiriez	tu aurais cru	vous auriez cru
il croirait	ils croiraient	il aurait cru	ils auraient cru
Subjonctif présent		**Subjonctif passé**	
que je croie	que nous croyions	que j'aie cru	que nous ayons cru
que tu croies	que vous croyiez	que tu aies cru	que vous ayez cru
qu'il croie	qu'ils croient	qu'il ait cru	qu'ils aient cru
Passé simple		**Passé antérieur**	
il crut	ils crurent	il eut cru	ils eurent cru
Participe présent		**Gérondif**	
croyant		en croyant	

- Die Endungen im Präsens Singular lauten **s**, **s**, **t**.
- Bei den ersten beiden Personen des Präsens Plural und den davon abgeleiteten Formen ist der Wechsel von *i* zu *y* zu beachten: *je crois – nous croyons*.
- In der 1. und 2. Person Plural von **Imparfait** und **Subjonctif** darf nach dem **y** das **i** nicht vergessen werden: *(que) nous croyions*, *(que) vous croyiez*.
- *Futur simple / Conditionnel présent*: Die Endungen werden an das **-r des Infinitivs** angehängt.
- Wenn auf *croire* ein Adjektiv folgt, wird es mit *halten für* übersetzt:
  On la croyait morte. (Man hielt sie für tot.)
- Unterscheide: *croire qn* (jdm glauben), aber: *croire en qn* (an jdn glauben, jdm vertrauen).

Unregelmäßige Verben auf -re

35 croître (wachsen)

Présent			Passé composé		
	je croi**s**	nous croi**ss**ons		j'ai crû	nous avons crû
	tu croi**s**	vous croi**ss**ez		tu as crû	vous avez crû
	il croî**t**	ils croi**ss**ent		il a crû	ils ont crû
Impératif			**Futur composé**		
	Croîs…	Croissons… Croissez…		je **vais** croître	nous allons croître
Imparfait			**Plus-que-parfait**		
	je croissais	nous croissions		j'avais crû	nous avions crû
	tu croissais	vous croissiez		tu avais crû	vous aviez crû
	il croissait	ils croissaient		il avait crû	ils avaient crû
Futur simple			**Futur antérieur**		
	je croîtrai	nous croîtrons		j'aurai crû	nous aurons crû
	tu croîtras	vous croîtrez		tu auras crû	vous aurez crû
	il croîtra	ils croîtront		il aura crû	ils auront crû
Conditionnel présent			**Conditionnel passé**		
	je croîtrais	nous croîtrions		j'aurais crû	nous aurions crû
	tu croîtrais	vous croîtriez		tu aurais crû	vous auriez crû
	il croîtrait	ils croîtraient		il aurait crû	ils auraient crû
Subjonctif présent			**Subjonctif passé**		
	que je croisse	que nous croissions		que j'aie crû	que nous ayons crû
	que tu croisses	que vous croissiez		que tu aies crû	que vous ayez crû
	qu'il croisse	qu'ils croissent		qu'il ait crû	qu'ils aient crû
Passé simple			**Passé antérieur**		
	il crût	ils crûrent		il eut crû	ils eurent crû
Participe présent			**Gérondif**		
	croissant			en croissant	

- Die Konjugation von **croître** darf nicht mit der teilweise ähnlichen von **croire** (→ S. 44) verwechselt werden.
- Die Endungen im Präsens Singular lauten **s**, **s**, **t**. In allen drei Formen steht auf dem *i* ein *circonflexe*: *î*.
- Im Präsens Plural und bei den davon abgeleiteten Zeiten und Modi muss man auf das Doppel-**s** achten: *nous croissons*, *je croissais*, *que je croisse*.
- **Futur simple / Conditionnel présent**: Die Endungen werden an das **-r des Infinitivs** angehängt.
- Beim **Participe passé** darf der *accent circonflexe* nicht vergessen werden: **-û**.
- Das Verb **accroître** (vergrößern) wird in vielen Formen wie **croître** konjugiert, trägt aber wie *connaître* den *accent circonflexe* nur im Infinitiv, in der 3. Person Singular Präsens (**il accroît**) sowie in den Formen des *Futur simple* (**il accroîtra**) und des *Conditionnel présent* (**il accroîtrait**).

Unregelmäßige Verben auf -re

36 dire (sagen)

Présent		Passé composé	
je di**s**	nous di**s**ons [dizõ]	j'ai dit	nous avons dit
tu di**s**	vous **dites** [dit]	tu as dit	vous avez dit
il di**t**	ils di**s**ent [diz]	il a dit	ils ont dit
Impératif		**Futur composé**	
Dis… Disons… Dites…		je **vais** dire	nous allons dire
Imparfait		**Plus-que-parfait**	
je disais	nous disions	j'avais dit	nous avions dit
tu disais	vous disiez	tu avais dit	vous aviez dit
il disait	ils disaient	il avait dit	ils avaient dit
Futur simple		**Futur antérieur**	
je dirai	nous dirons	j'aurai dit	nous aurons dit
tu diras	vous direz	tu auras dit	vous aurez dit
il dira	ils diront	il aura dit	ils auront dit
Conditionnel présent		**Conditionnel passé**	
je dirais	nous dirions	j'aurais dit	nous aurions dit
tu dirais	vous diriez	tu aurais dit	vous auriez dit
il dirait	ils diraient	il aurait dit	ils auraient dit
Subjonctif présent		**Subjonctif passé**	
que je dise	que nous disions	que j'aie dit	que nous ayons dit
que tu dises	que vous disiez	que tu aies dit	que vous ayez dit
qu'il dise	qu'ils disent	qu'il ait dit	qu'ils aient dit
Passé simple		**Passé antérieur**	
il di**t**	ils di**rent**	il eut dit	ils eurent dit
Participe présent		**Gérondif**	
disant		en disant	

- Die Endungen im Präsens Singular lauten **s**, **s**, **t**.
- In der ersten und dritten Person Plural im Präsens und bei den davon abgeleiteten Formen ist das **stimmhafte s** zu beachten: **nous di_s_ons** [dizõ] – **ils di_s_ent** [diz]. Die 2. Person Plural Präsens sowie der Imperativ Plural lauten abweichend: **(vous) dites**.
- **Futur simple / Conditionnel présent**: Die Endungen werden an das **-r des Infinitivs** angehängt.
- Ebenso: **redire** (wiederholen, noch einmal sagen).
  Die Verben **contredire** (widersprechen), **interdire** (verbieten), **prédire** (vorhersagen) werden auch wie **dire** konjugiert; sie haben nur in der 2. Person Plural Präsens und im Imperativ Plural eine andere Form: **(vous) contredi_sez_, (vous) interdi_sez_, (vous) prédi_sez_**.
  Maudire (verfluchen, → S. 52) wird wie *finir* konjugiert (→ S. 32).

Unregelmäßige Verben auf -re

37 *se distraire (sich vergnügen, sich zerstreuen)

Présent		Passé composé	
je me distrais	nous nous distrayons	je **me suis** distrait(e)	nous nous sommes distrait(e)s
tu te distrais	vous vous distrayez	tu t'es distrait(e)	vous vous êtes distrait(e, s, es)
il se distrait	ils se distraient	il, elle s'est distrait(e)	ils, elles se sont distrait(e)s

Impératif	Futur composé	
Distrais-toi… Distrayons-nous… Distrayez-vous…	je **vais** me distraire	nous allons nous distraire

Imparfait		Plus-que-parfait	
je me distrayais	nous nous distrayions	je m'**étais** distrait(e)	nous nous étions distrait(e)s
tu te distrayais	vous vous distrayiez	tu t'étais distrait(e)	vous vous étiez distrait(e, s, es)
il se distrayait	ils se distrayaient	il, elle s'était distrait(e)	ils, elles s'étaient distrait(e)s

Futur simple		Futur antérieur	
je me distrairai	nous nous distrairons	je me **serai** distrait(e)	nous nous serons distrait(e)s
tu te distrairas	vous vous distrairez	tu te seras distrait(e)	vous vous serez distrait(e, s, es)
il se distraira	ils se distrairont	il, elle se sera distrait(e)	ils, elles se seront distrait(e)s

Conditionnel présent		Conditionnel passé	
je me distrairais	nous nous distrairions	je me **serais** distrait(e)	nous nous serions distrait(e)s
tu te distrairais	vous vous distrairiez	tu te serais distrait(e)	vous vous seriez distrait(e, s, es)
il se distrairait	ils se distrairaient	il, elle se serait distrait(e)	ils, elles se seraient distrait(e)s

Subjonctif présent		Subjonctif passé	
que je me distraie	que nous nous distrayions	que je me **sois** distrait(e)	que nous nous soyons distrait(e)s
que tu te distraies	que vous vous distrayiez	que tu te sois distrait(e)	que vous vous soyez distrait(e, s, es)
qu'il se distraie	qu'ils se distraient	qu'il, elle se soit distrait(e)	qu'ils, elles se soient distrait(e)s

Passé simple	Passé antérieur	
kein *Passé simple*	il, elle se **fut** distrait(e)	ils, elles se furent distrait(e)s

Participe présent	Gérondif
se distrayant	en se distrayant

- Die Endungen im Präsens Singular lauten **s**, **s**, **t**.
- In der 1. und 2. Person Plural im Präsens und bei den davon abgeleiteten Formen ist der Wechsel von *i* zu *y* zu beachten: **je me distrais**, aber: **nous nous distrayons**, **vous vous distrayez**.
- In der 1. und 2. Person Plural von **Imparfait** und **Subjonctif** darf nach dem **y** das **i** nicht vergessen werden: **(que) nous nous distrayions**, **(que) vous vous distrayiez**.
- **Futur simple/Conditionnel présent**: Die Endungen werden an das **-r des Infinitivs** angehängt.
- Wie alle anderen reflexiven Verben bildet *se distraire* die zusammengesetzten Zeiten (außer dem *Futur composé*) mit **être**. Dabei muss auf die Angleichung des *Participe passé* geachtet werden.
- Diese Verbgruppe ist unvollständig: sie hat kein *Passé simple*.
- Ebenso: **abstraire** (abstrahieren, verallgemeinern), **extraire** (entfernen, herausziehen).

Unregelmäßige Verben auf -re

38 écrire (schreiben)

Présent			Passé composé		
	j' écri**s**	nous_écri**v**ons		j'**ai** écri**t**	nous_avons écrit
	tu écri**s**	vous_écri**v**ez		tu as écrit	vous_avez écrit
	il écri**t**	ils_écri**v**ent		il a écrit	ils_ont_écrit

Impératif			Futur composé		
Écris…	Écrivons…	Écrivez…		je **vais**_écrire	nous_allons écrire

Imparfait			Plus-que-parfait		
	j' écrivais	nous_écrivions		j'**avais** écri**t**	nous_avions écrit
	tu écrivais	vous_écriviez		tu avais écrit	vous_aviez écrit
	il écrivait	ils_écrivaient		il avait_écrit	ils_avaient_écrit

Futur simple			Futur antérieur		
	j' écri**r**ai	nous_écri**r**ons		j'**aurai** écri**t**	nous_aurons écrit
	tu écri**r**as	vous_écri**r**ez		tu auras écrit	vous_aurez écrit
	il écri**r**a	ils_écri**r**ont		il aura écrit	ils_auront_écrit

Conditionnel présent			Conditionnel passé		
	j' écri**r**ais	nous_écri**r**ions		j'**aurais** écri**t**	nous_aurions écrit
	tu écri**r**ais	vous_écri**r**iez		tu aurais écrit	vous_auriez écrit
	il écri**r**ait	ils_écri**r**aient		il aurait_écrit	ils_auraient_écrit

Subjonctif présent			Subjonctif passé		
que j' écrive	que nous_écrivions		que j'**aie** écri**t**	que nous_ayons écrit
que tu écrives	que vous_écriviez		que tu aies_écrit	que vous_ayez écrit
qu'il écrive	qu'ils_écrivent		qu'il ait_écrit	qu'ils_aient_écrit

Passé simple			Passé antérieur		
	il écri**vit**	ils_écri**v**irent		il eut_écri**t**	ils_eurent_écrit

Participe présent	Gérondif
écrivant	en_écrivant

- Die Endungen im Präsens Singular lauten **s**, **s**, **t**.
- Im Präsens Plural und bei den davon abgeleiteten Formen ändert sich der Stamm durch Hinzufügung eines **v**.
- **Futur simple / Conditionnel présent**: Die Endungen werden an das **-r des Infinitivs** angehängt.
- Ebenso: **décrire** (beschreiben), **inscrire** (eintragen), **préscrire** (vor-/verschreiben), **ré(é)crire** (neu schreiben), **se réinscrire** (sich wieder anmelden), **souscrire** (unterschreiben).
- Zur *liaison phonétique* (Bindung) zwischen zwei Wörtern → S. 6.

Unregelmäßige Verben auf -re

39 faire (tun, machen)

Présent		Passé composé	
je fais	nous faisons [fəzõ]	j'ai fait	nous avons fait
tu fais	vous faites [fɛt]	tu as fait	vous avez fait
il fait	ils font [fõ]	il a fait	ils ont fait
Impératif		**Futur composé**	
Fais... Faisons... Faites...		je **vais** faire	nous allons faire
Imparfait		**Plus-que-parfait**	
je faisais [fəzɛ]	nous faisions	j'avais fait	nous avions fait
tu faisais	vous faisiez	tu avais fait	vous aviez fait
il faisait	ils faisaient	il avait fait	ils avaient fait
Futur simple		**Futur antérieur**	
je ferai	nous ferons	j'aurai fait	nous aurons fait
tu feras	vous ferez	tu auras fait	vous aurez fait
il fera	ils feront	il aura fait	ils auront fait
Conditionnel présent		**Conditionnel passé**	
je ferais	nous ferions	j'aurais fait	nous aurions fait
tu ferais	vous feriez	tu aurais fait	vous auriez fait
il ferait	ils feraient	il aurait fait	ils auraient fait
Subjonctif présent		**Subjonctif passé**	
que je fasse	que nous fassions	que j'aie fait	que nous ayons fait
que tu fasses	que vous fassiez	que tu aies fait	que vous ayez fait
qu'il fasse	qu'ils fassent	qu'il ait fait	qu'ils aient fait
Passé simple		**Passé antérieur**	
il fit	ils firent	il eut fait	ils eurent fait
Participe présent		**Gérondif**	
faisant [fəzã]		en faisant [fəzã]	

- Die Endungen im Präsens Singular lauten **s**, **s**, **t**.
- In der 1. Person Plural Präsens sind bei der Aussprache das **ai** und das stimmhafte **s** zu beachten: **nous faisons** [fəzõ]. Die 2. Person Plural Präsens sowie der Imperativ Plural lauten: **(vous) faites**, die 3. Person Plural heißt: **ils font**.
Die Besonderheiten bei der Aussprache gelten auch für die von der 1. Person Plural Präsens abgeleiteten **Imparfait**-Formen sowie für das **Participe présent** und das **Gérondif**.
- **Futur simple / Conditionnel présent**: Hier wird im Stamm das **ai** des Infinitivs durch **e** ersetzt. Die Endungen werden an das **-r des Infinitivs** angehängt.
- Der **Subjonctif** hat hat in allen Personen die Form **fass-** + entsprechender Endung.
- Ebenso: **défaire** (abmachen, auspacken, aufmachen), **refaire** (noch einmal machen), **parfaire** (vollenden), **satisfaire** (zufrieden stellen, befriedigen).

Unregelmäßige Verben auf -re

40 joindre (verbinden, erreichen)

Présent		Passé composé	
je jois [ʒwɛ̃]	nous joignons [ʒwaɲɔ̃]	j'ai joint	nous avons joint
tu jois	vous joignez [ʒwaɲe]	tu as joint	vous avez joint
il joint	ils joignent [ʒwaɲə]	il a joint	ils ont joint

Impératif			Futur composé	
Joins…	Joignons…	Joignez…	je vais joindre	nous allons joindre

Imparfait		Plus-que-parfait	
je joignais	nous joignions	j'avais joint	nous avions joint
tu joignais	vous joigniez	tu avais joint	vous aviez joint
il joignait	ils joignaient	il avait joint	ils avaient joint

Futur simple		Futur antérieur	
je joindrai	nous joindrons	j'aurai joint	nous aurons joint
tu joindras	vous joindrez	tu auras joint	vous aurez joint
il joindra	ils joindront	il aura joint	ils auront joint

Conditionnel présent		Conditionnel passé	
je joindrais	nous joindrions	j'aurais joint	nous aurions joint
tu joindrais	vous joindriez	tu aurais joint	vous auriez joint
il joindrait	ils joindraient	il aurait joint	ils auraient joint

Subjonctif présent		Subjonctif passé	
que je joigne	que nous joignions	que j'aie joint	que nous ayons joint
que tu joignes	que vous joigniez	que tu aies joint	que vous ayez joint
qu'il joigne	qu'ils joignent	qu'il ait joint	qu'ils aient joint

Passé simple		Passé antérieur	
il joignit	ils joignirent	il eut joint	ils eurent joint

Participe présent	Gérondif
joignant	en joignant

- Im Präsens Singular fällt das **d** des Infinitivs weg, die Endungen lauten **s**, **s**, **t**.
- Im Präsens Plural und den davon abgeleiteten Formen ist der Wechsel von **n** zu **gn** zu beachten: **je joins – nous joignons**.
- **Futur simple/Conditionnel présent**: Die Endungen werden an das **-r des Infinitivs** angehängt.
- *Joindre* kann auch reflexiv gebraucht werden, dadurch ändert sich die Bedeutung: *se joindre à qn/qc* (sich jdm/einer Sache anschließen).
- Ebenso: **disjoindre** (lockern, trennen), **rejoindre qc/qn** (zu [etw.] zurückkehren, [jdn] treffen).

41 lire (lesen)

Unregelmäßige Verben auf -re

Présent		Passé composé	
je lis	nous lisons [lizõ]	j'ai lu	nous avons lu
tu lis	vous lisez [lize]	tu as lu	vous avez lu
il lit	ils lisent [liz]	il a lu	ils ont lu

Impératif			Futur composé	
Lis...	Lisons...	Lisez...	je **vais** lire	nous allons lire

Imparfait		Plus-que-parfait	
je lisais	nous lisions	j'avais lu	nous avions lu
tu lisais	vous lisiez	tu avais lu	vous aviez lu
il lisait	ils lisaient	il avait lu	ils avaient lu

Futur simple		Futur antérieur	
je lirai	nous lirons	j'aurai lu	nous aurons lu
tu liras	vous lirez	tu auras lu	vous aurez lu
il lira	ils liront	il aura lu	ils auront lu

Conditionnel présent		Conditionnel passé	
je lirais	nous lirions	j'aurais lu	nous aurions lu
tu lirais	vous liriez	tu aurais lu	vous auriez lu
il lirait	ils liraient	il aurait lu	ils auraient lu

Subjonctif présent		Subjonctif passé	
que je lise	que nous lisions	que j'aie lu	que nous ayons lu
que tu lises	que vous lisiez	que tu aies lu	que vous ayez lu
qu'il lise	qu'ils lisent	qu'il ait lu	qu'ils aient lu

Passé simple		Passé antérieur	
il **lut**	ils **lurent**	il eut lu	ils eurent lu

Participe présent	Gérondif
lisant	en lisant

- Die Endungen im Präsens Singular lauten **s**, **s**, **t**.
- Im Präsens Plural und bei den davon abgeleiteten Formen ist das **stimmhafte s** zu beachten: *nous lisons* [lizõ].
- *Futur simple/Conditionnel présent*: Die Endungen werden an das **-r des Infinitivs** angehängt.
- Ebenso: *élire* (wählen), *relire* (noch einmal lesen).

Unregelmäßige Verben auf -re

42 maudire (verfluchen)

Présent		Passé composé	
je maudis	nous maudissons	j'ai maudit	nous avons maudit
tu maudis	vous maudissez	tu as maudit	vous avez maudit
il maudit	ils maudissent	il a maudit	ils ont maudit

Impératif			Futur composé	
Maudis…	Maudissons…	Maudissez…	je **vais** maudire	nous allons maudire

Imparfait		Plus-que-parfait	
je maudissais	nous maudissions	j'**avais** maudit	nous avions maudit
tu maudissais	vous maudissiez	tu avais maudit	vous aviez maudit
il maudissait	ils maudissaient	il avait maudit	ils avaient maudit

Futur simple		Futur antérieur	
je maudirai	nous maudirons	j'**aurai** maudit	nous aurons maudit
tu maudiras	vous maudirez	tu auras maudit	vous aurez maudit
il maudira	ils maudiront	il aura maudit	ils auront maudit

Conditionnel présent		Conditionnel passé	
je maudirais	nous maudirions	j'**aurais** maudit	nous aurions maudit
tu maudirais	vous maudiriez	tu aurais maudit	vous auriez maudit
il maudirait	ils maudiraient	il aurait maudit	ils auraient maudit

Subjonctif présent		Subjonctif passé	
que je maudisse	que nous maudissions	que j'**aie** maudit	que nous ayons maudit
que tu maudisses	que vous maudissiez	que tu aies maudit	que vous ayez maudit
qu'il maudisse	qu'ils maudissent	qu'il ait maudit	qu'ils aient maudit

Passé simple		Passé antérieur	
il maudit	ils maudirent	il **eut** maudit	ils eurent maudit

Participe présent	Gérondif
maudissant	en maudissant

- Obwohl äußerlich dem Verb *dire* (→ S. 46) ähnlich, wird **maudire** wie *finir* (→ S. 32) konjugiert. Das *Participe passé* endet allerdings wie bei *dire* auf **-it**: ***j'ai maudit***.

Unregelmäßige Verben auf -re

43 mettre (setzen, stellen, legen)

Présent		Passé composé	
je me**ts**	nous mettons	j'**ai** mis	nous avons mis
tu me**ts**	vous mettez	tu as mis	vous avez mis
il me**t**	ils mettent	il a mis	ils ont mis

Impératif			Futur composé	
Mets…	Mettons…	Mettez…	je **vais** mettre	nous allons mettre

Imparfait		Plus-que-parfait	
je mettais	nous mettions	j'**avais** mis	nous avions mis
tu mettais	vous mettiez	tu avais mis	vous aviez mis
il mettait	ils mettaient	il avait mis	ils avaient mis

Futur simple		Futur antérieur	
je mett**r**ai	nous mett**r**ons	j'**aurai** mis	nous aurons mis
tu mett**r**as	vous mett**r**ez	tu auras mis	vous aurez mis
il mett**r**a	ils mett**r**ont	il aura mis	ils auront mis

Conditionnel présent		Conditionnel passé	
je mett**r**ais	nous mett**r**ions	j'**aurais** mis	nous aurions mis
tu mett**r**ais	vous mett**r**iez	tu aurais mis	vous auriez mis
il mett**r**ait	ils mett**r**aient	il aurait mis	ils auraient mis

Subjonctif présent		Subjonctif passé	
que je mette	que nous mettions	que j'**aie** mis	que nous ayons mis
que tu mettes	que vous mettiez	que tu aies mis	que vous ayez mis
qu'il mette	qu'ils mettent	qu'il ait mis	qu'ils aient mis

Passé simple		Passé antérieur	
il **mit**	ils **mirent**	il **eut** mis	ils eurent mis

Participe présent	Gérondif
mettant	en mettant

- Im Präsens Singular werden die Formen nur mit einem **t** geschrieben; sie lauten **ts**, **ts**, **t**.
- *Futur simple / Conditionnel présent*: Die Endungen werden an das **-r des Infinitivs** angehängt.
- Ebenso: **admettre** (zugeben), **commettre** ([Fehler, Verbrechen etc.] begehen, verüben), **compromettre** (kompromittieren, bloßstellen; gefährden), **permettre** (erlauben), **promettre** (versprechen), **omettre** (unterlassen), **remettre** (wieder einsetzen; wieder zurückstellen; wieder anziehen), **transmettre** (übermitteln, weitergeben).

Unregelmäßige Verben auf -re

44 *naître (geboren werden)

Présent		Passé composé	
je na**is**	nous nai**ss**ons	je **suis** n**é(e)**	nous sommes n**é(e)s**
tu na**is**	vous nai**ss**ez	tu es n**é(e)**	vous êtes n**é(e, s, es)**
il na**ît**	ils nai**ss**ent	il, elle est n**é(e)**	ils, elles sont n**é(e)s**

Impératif			Futur composé	
Nais…	Naissons…	Naissez…	je **vais** naître	nous allons naître

Imparfait		Plus-que-parfait	
je naissais	nous naissions	j'**étais** n**é(e)**	nous étions n**é(e)s**
tu naissais	vous naissiez	tu étais n**é(e)**	vous étiez n**é(e, s, es)**
il naissait	ils naissaient	il, elle était n**é(e)**	ils, elles étaient n**é(e)s**

Futur simple		Futur antérieur	
je naît**r**ai	nous naît**r**ons	je **serai** n**é(e)**	nous serons n**é(e)s**
tu naît**r**as	vous naît**r**ez	tu seras n**é(e)**	vous serez n**é(e, s, es)**
il naît**r**a	ils naît**r**ont	il, elle sera n**é(e)**	ils, elles seront n**é(e)s**

Conditionnel présent		Conditionnel passé	
je naît**r**ais	nous naît**r**ions	je **serais** n**é(e)**	nous serions n**é(e)s**
tu naît**r**ais	vous naît**r**iez	tu serais n**é(e)**	vous seriez n**é(e, s, es)**
il naît**r**ait	ils naît**r**aient	il, elle serait n**é(e)**	ils, elles seraient n**é(e)s**

Subjonctif présent		Subjonctif passé	
que je naisse	que nous naissions	que je **sois** n**é(e)**	que nous soyons n**é(e)s**
que tu naisses	que vous naissiez	que tu sois n**é(e)**	que vous soyez n**é(e, s, es)**
qu'il naisse	qu'ils naissent	qu'il, elle soit n**é(e)**	qu' ils, elles soient n**é(e)s**

Passé simple		Passé antérieur	
il **naquit**	ils **naquirent**	il, elle **fut** n**é(e)**	ils, elles furent n**é(e)s**

Participe présent	Gérondif
naissant	en naissant

- Die Endungen im Präsens Singular lauten **s**, **s**, **t**.
- Vor **t** kommt auf das *i* ein *accent circonflexe*: î → *il naît, il naîtra(it)*.
- Im Präsens und bei den davon abgeleiteten Zeiten und Modi muss man auf das Doppel-**s** achten: *nous nai**ss**ons, il nai**ss**ait, qu'elle nai**ss**e, (en) nai**ss**ant*.
- **Futur simple/Conditionnel présent**: Die Endungen werden an das **-r des Infinitivs** angehängt.
- Das **Participe passé** lautet **né**.
- Im **Passé simple** müssen die Sonderformen beachtet werden: ***il naquit***, ***ils naquirent***.
- Ebenso: **renaître** (wieder aufleben, wieder aufblühen, wieder erwachen).
- *Naître* kommt vor allen in Verbindung mit Geburtstagen vor: *Elle est née le 6 février 1991*.

Unregelmäßige Verben auf -re

45 nuire (schaden)

Présent		Passé composé	
je nui**s**	nous nui**s**ons [-zõ]	j'ai nu**i**	nous avons nui
tu nui**s**	vous nui**s**ez [-ze]	tu as nui	vous avez nui
il nui**t**	ils nui**s**ent [-z]	il a nui	ils ont nui
Impératif		**Futur composé**	
Nuis... Nuisons... Nuisez...		je **vais** nuire	nous allons nuire
Imparfait		**Plus-que-parfait**	
je nuisais	nous nuisions	j'**avais** nu**i**	nous avions nui
tu nuisais	vous nuisiez	tu avais nui	vous aviez nui
il nuisait	ils nuisaient	il avait nui	ils avaient nui
Futur simple		**Futur antérieur**	
je nui**r**ai	nous nui**r**ons	j'**aura**i nu**i**	nous aurons nui
tu nui**r**as	vous nui**r**ez	tu auras nui	vous aurez nui
il nui**r**a	ils nui**r**ont	il aura nui	ils auront nui
Conditionnel présent		**Conditionnel passé**	
je nui**r**ais	nous nui**r**ions	j'**aurais** nu**i**	nous aurions nui
tu nui**r**ais	vous nui**r**iez	tu aurais nui	vous auriez nui
il nui**r**ait	ils nui**r**aient	il aurait nui	ils auraient nui
Subjonctif présent		**Subjonctif passé**	
que je nuise	que nous nuisions	que j'**aie** nu**i**	que nous ayons nui
que tu nuises	que vous nuisiez	que tu aies nui	que vous ayez nui
qu'il nuise	qu'ils nuisent	qu'il ait nui	qu'ils aient nui
Passé simple		**Passé antérieur**	
il nui**sit**	ils nui**sirent**	il **eut** nu**i**	ils eurent nui
Participe présent		**Gérondif**	
nuisant		en nuisant	

- Mit Ausnahme der Bildung des *Participe passé* gelten für **nuire** dieselben Regeln wie für *conduire* (→ S. 38).
- Das **Participe passé** lautet *nui* und ist bei reflexivem Gebrauch (**se nuire** (sich schaden)) immer unveränderlich: *Ils se sont nui.*
- Ebenso: **luire** (leuchten), **reluire** (glänzen, schimmern).
- Bei **cuire** (kochen, backen) endet das *Participe passé* auf **-it** und ist veränderlich: *Il a cuit des pâtes. La viande est bien cuite.*

Unregelmäßige Verben auf -re

46 paraître ([er]scheinen)

Présent		Passé composé	
je parais	nous paraissons	j'ai paru	nous avons paru
tu parais	vous paraissez	tu as paru	vous avez paru
il paraît	ils paraissent	il a paru	ils ont paru

Impératif			Futur composé	
Parais…	Paraissons…	Paraissez…	je **vais** paraître	nous **allons** paraître

Imparfait		Plus-que-parfait	
je paraissais	nous paraissions	j'**avais** paru	nous **avions** paru
tu paraissais	vous paraissiez	tu avais paru	vous aviez paru
il paraissait	ils paraissaient	il avait paru	ils avaient paru

Futur simple		Futur antérieur	
je paraîtrai	nous paraîtrons	j'**aurai** paru	nous aurons paru
tu paraîtras	vous paraîtrez	tu auras paru	vous aurez paru
il paraîtra	ils paraîtront	il aura paru	ils auront paru

Conditionnel présent		Conditionnel passé	
je paraîtrais	nous paraîtrions	j'**aurais** paru	nous aurions paru
tu paraîtrais	vous paraîtriez	tu aurais paru	vous auriez paru
il paraîtrait	ils paraîtraient	il aurait paru	ils auraient paru

Subjonctif présent		Subjonctif passé	
que je paraisse	que nous paraissions	que j'**aie** paru	que nous ayons paru
que tu paraisses	que vous paraissiez	que tu aies paru	que vous ayez paru
qu'il paraisse	qu'ils paraissent	qu'il ait paru	qu'ils aient paru

Passé simple		Passé antérieur	
il par**ut**	ils par**urent**	il **eut** paru	ils eurent paru

Participe présent	Gérondif
paraissant	en paraissant

- Die Endungen im Präsens Singular lauten **s**, **s**, **t**.
- Vor **t** kommt auf das *i* ein *accent circonflexe*: **î** → *il paraît, il paraîtra(it)*.
- Im Präsens Plural und bei den davon abgeleiteten Zeiten und Modi muss man auf das Doppel-**s** achten: *nous parai**ss**ons, il parai**ss**ait, qu'elle parai**ss**e, (en) parai**ss**ant*.
- **Futur simple/Conditionnel présent**: Die Endungen werden an das **-r des Infinitivs** angehängt.
- Ebenso: **apparaître** (erscheinen), **disparaître** (verschwinden), **réapparaître** (wieder erscheinen).

Unregelmäßige Verben auf -re

47 peindre (malen)

Présent		Passé composé	
je pe**ins** [pɛ̃]	nous pei**gn**ons [pɛɲɔ̃]	j'**ai** peint	nous avons peint
tu pe**ins**	vous pei**gn**ez [pɛɲe]	tu as peint	vous avez peint
il pe**in**t	ils pei**gn**ent [pɛɲə]	il a peint	ils ont peint

Impératif			Futur composé	
Peins...	Peignons...	Peignez...	je **vais** peindre	nous allons peindre

Imparfait		Plus-que-parfait	
je peignais	nous peignions	j'**avais** peint	nous avions peint
tu peignais	vous peigniez	tu avais peint	vous aviez peint
il peignait	ils peignaient	il avait peint	ils avaient peint

Futur simple		Futur antérieur	
je peind**r**ai	nous peind**r**ons	j'**aurai** peint	nous aurons peint
tu peind**r**as	vous peind**r**ez	tu auras peint	vous aurez peint
il peind**r**a	ils peind**r**ont	il aura peint	ils auront peint

Conditionnel présent		Conditionnel passé	
je peind**r**ais	nous peind**r**ions	j'**aurais** peint	nous aurions peint
tu peind**r**ais	vous peind**r**iez	tu aurais peint	vous auriez peint
il peind**r**ait	ils peind**r**aient	il aurait peint	ils auraient peint

Subjonctif présent		Subjonctif passé	
que je peigne	que nous peignions	que j'**aie** peint	que nous ayons peint
que tu peignes	que vous peigniez	que tu aies peint	que vous ayez peint
qu'il peigne	qu'ils peignent	qu'il ait peint	qu'ils aient peint

Passé simple		Passé antérieur	
il peign**it**	ils peign**irent**	il **eut** peint	ils eurent peint

Participe présent	Gérondif
peignant	en peignant

- Im Präsens Singular fällt das **d** des Infinitivs weg, die Endungen lauten **s**, **s**, **t**.
- Im Präsens Plural und den davon abgeleiteten Formen ist der Wechsel von **n** zu **gn** zu beachten: *je pe**in**s – nous pei**gn**ons*.
- **Futur simple** / **Conditionnel présent**: Die Endungen werden an das **-r des Infinitivs** angehängt.
- Ebenso: **atteindre** (erreichen), **éteindre** ([aus]löschen, ausmachen), **feindre** (vorgeben, vortäuschen), **geindre** (stöhnen, wimmern), **repeindre** (neu anstreichen), **restreindre** (begrenzen, einschränken).

Unregelmäßige Verben auf -re

48 plaire (gefallen)

Présent		Passé composé	
je plai**s**	nous plai**s**ons [plɛzɔ̃]	j'**ai** plu	nous avons plu
tu plai**s**	vous plai**s**ez [plɛze]	tu as plu	vous avez plu
il plaî**t**	ils plai**s**ent [plɛz]	il a plu	ils ont plu
Impératif		**Futur composé**	
Plais... Plaisons... Plaisez...			je **vais** plaire	nous allons plaire
Imparfait		**Plus-que-parfait**	
je plaisais	nous plaisions	j'**avais** plu	nous avions plu
tu plaisais	vous plaisiez	tu avais plu	vous aviez plu
il plaisait	ils plaisaient	il avait plu	ils avaient plu
Futur simple		**Futur antérieur**	
je plai**r**ai	nous plai**r**ons	j'**aurai** plu	nous aurons plu
tu plai**r**as	vous plai**r**ez	tu auras plu	vous aurez plu
il plai**r**a	ils plai**r**ont	il aura plu	ils auront plu
Conditionnel présent		**Conditionnel passé**	
je plai**r**ais	nous plai**r**ions	j'**aurais** plu	nous aurions plu
tu plai**r**ais	vous plai**r**iez	tu aurais plu	vous auriez plu
il plai**r**ait	ils plai**r**aient	il aurait plu	ils auraient plu
Subjonctif présent		**Subjonctif passé**	
que je plaise	que nous plaisions	que j'**aie** plu	que nous ayons plu
que tu plaises	que vous plaisiez	que tu aies plu	que vous ayez plu
qu'il plaise	qu'ils plaisent	qu'il ait plu	qu'ils aient plu
Passé simple		**Passé antérieur**	
il pl**ut**	ils pl**urent**	il **eut** plu	ils eurent plu
Participe présent		**Gérondif**	
plaisant		en plaisant	

- Die Endungen im Präsens Singular lauten **s**, **s**, **t**. In der 3. Person Singular wird das *i* mit *accent circonflexe* geschrieben: *il plaît*. Diese Form kommt am häufigsten in der Wendung *s'il te plaît* bzw. *s'il vous plaît* vor.
- Im Präsens Plural und bei den davon abgeleiteten Formen ist das **stimmhafte s** zu beachten: **nous plaisons** [plɛzɔ̃].
- *Futur simple*/*Conditionnel présent*: Die Endungen werden an das **-r des Infinitivs** angehängt.
- Ebenso: ***déplaire*** (missfallen).

Unregelmäßige Verben auf -re

49 prendre (nehmen)

Présent			Passé composé		
	je prend**s**	nous pr**en**ons [pʀənõ]		j'ai pris	nous‿avons pris
	tu prend**s**	vous pr**en**ez [pʀəne]		tu as pris	vous‿avez pris
	il pren**d**	ils pr**enn**ent [pʀɛn]		il a pris	ils‿ont pris

Impératif			Futur composé		
	Prends… Prenons… Prenez…			je **vais** prendre	nous‿allons prendre

Imparfait			Plus-que-parfait		
	je prenais	nous prenions		j'**avais** pris	nous‿avions pris
	tu prenais	vous preniez		tu avais pris	vous‿aviez pris
	il prenait	ils prenaient		il avait pris	ils‿avaient pris

Futur simple			Futur antérieur		
	je prend**r**ai	nous prend**r**ons		j'**aurai** pris	nous‿aurons pris
	tu prend**r**as	vous prend**r**ez		tu auras pris	vous‿aurez pris
	il prend**r**a	ils prend**r**ont		il aura pris	ils‿auront pris

Conditionnel présent			Conditionnel passé		
	je prend**r**ais	nous prend**r**ions		j'**aurais** pris	nous‿aurions pris
	tu prend**r**ais	vous prend**r**iez		tu aurais pris	vous‿auriez pris
	il prend**r**ait	ils prend**r**aient		il aurait pris	ils‿auraient pris

Subjonctif présent			Subjonctif passé		
	que je prenne	que nous pren**i**ons		que j'**aie** pris	que nous‿ayons pris
	que tu prennes	que vous pren**i**ez		que tu aies pris	que vous‿ayez pris
	qu'il prenne	qu'ils prennent		qu'il ait pris	qu'ils‿aient pris

Passé simple			Passé antérieur		
	il prit	ils **prirent**		il eut pris	ils‿eurent pris

Participe présent	Gérondif
prenant	en prenant

- **Prendre** hat wie die regelmäßigen Verben auf **-dre** im Präsens Singular die Endungen **s**, **s**, **d**. Im Präsens Plural hat *prendre* zwei Stämme (**pren-** und **prenn-**), die unterschiedlich ausgesprochen werden (s. oben) und in den davon abgeleiteten Zeiten erhalten bleiben.
- *Futur simple / Conditionnel présent*: Die Endungen werden an das **-r des Infinitivs** angehängt.
- Das *Participe passé* lautet **pris**.
- Ebenso: **apprendre** (lernen), **comprendre** (verstehen), **entreprendre** (unternehmen), **se méprendre** (sich täuschen), **reprendre** (zurücknehmen; wieder aufnehmen), **surprendre** (überraschen).
- In Verbindung mit *prendre* wird die deutsche Präposition „aus" mit *dans* wiedergegeben: *prendre qc* **dans** *le four / **dans** le tiroir* (etw. **aus** dem Ofen / **aus** der Schublade nehmen).

Unregelmäßige Verben auf -re

50 résoudre (lösen; beschließen)

Présent		Passé composé	
je résous	nous résolvons	j'ai résolu	nous avons résolu
tu résous	vous résolvez	tu as résolu	vous avez résolu
il résout	ils résolvent	il a résolu	ils ont résolu

Impératif			Futur composé	
Résous...	Résolvons...	Résolvez...	je vais résoudre	nous allons résoudre

Imparfait		Plus-que-parfait	
je résolvais	nous résolvions	j'avais résolu	nous avions résolu
tu résolvais	vous résolviez	tu avais résolu	vous aviez résolu
il résolvait	ils résolvaient	il avait résolu	ils avaient résolu

Futur simple		Futur antérieur	
je résoudrai	nous résoudrons	j'aurai résolu	nous aurons résolu
tu résoudras	vous résoudrez	tu auras résolu	vous aurez résolu
il résoudra	ils résoudront	il aura résolu	ils auront résolu

Conditionnel présent		Conditionnel passé	
je résoudrais	nous résoudrions	j'aurais résolu	nous aurions résolu
tu résoudrais	vous résoudriez	tu aurais résolu	vous auriez résolu
il résoudrait	ils résoudraient	il aurait résolu	ils auraient résolu

Subjonctif présent		Subjonctif passé	
que je résolve	que nous résolvions	que j'aie résolu	que nous ayons résolu
que tu résolves	que vous résolviez	que tu aies résolu	que vous ayez résolu
qu'il résolve	qu'ils résolvent	qu'il ait résolu	qu'ils aient résolu

Passé simple		Passé antérieur	
il résolut	ils résolurent	il eut résolu	ils eurent résolu

Participe présent	Gérondif
résolvant	en résolvant

- Im Präsens Singular lauten die Endungen **s**, **s**, **t**.
  Im Präsens Plural und den davon abgeleiteten Formen sind zwei Stämme zu beachten: **résou-** und **résolv-**.

- **Futur simple / Conditionnel présent**: Die Endungen werden an das **-r des Infinitivs** angehängt.

- Ebenso: **absoudre** (vergeben, verzeihen) und **dissoudre** (auflösen). Das Participe passé dieser beiden Verben lautet **absous** bzw. **dissous**; sie können kein Passé simple bilden.

Unregelmäßige Verben auf -re

51 rire (lachen)

Présent		Passé composé	
je ris	nous rions	j'ai ri	nous avons ri
tu ris	vous riez	tu as ri	vous avez ri
il rit	ils rient	il a ri	ils ont ri
Impératif		**Futur composé**	
Ris... Rions... Riez...		je **vais** rire	nous allons rire
Imparfait		**Plus-que-parfait**	
je riais	nous ri**i**ons [ʀijõ]	j'**avais** ri	nous avions ri
tu riais	vous ri**i**ez [ʀije]	tu avais ri	vous aviez ri
il riait	ils riaient	il avait ri	ils avaient ri
Futur simple		**Futur antérieur**	
je rirai	nous rirons	j'**aurai** ri	nous aurons ri
tu riras	vous rirez	tu auras ri	vous aurez ri
il rira	ils riront	il aura ri	ils auront ri
Conditionnel présent		**Conditionnel passé**	
je rirais	nous ririons	j'**aurais** ri	nous aurions ri
tu rirais	vous ririez	tu aurais ri	vous auriez ri
il rirait	ils riraient	il aurait ri	ils auraient ri
Subjonctif présent		**Subjonctif passé**	
que je rie	que nous ri**i**ons [ʀijõ]	que j'**aie** ri	que nous ayons ri
que tu ries	que vous ri**i**ez [ʀije]	que tu aies ri	que vous ayez ri
qu'il rie	qu'ils rient	qu'il ait ri	qu'ils aient ri
Passé simple		**Passé antérieur**	
il rit	ils **rirent**	il eut ri	ils eurent ri
Participe présent		**Gérondif**	
riant		en riant	

- Die Endungen im Präsens Singular lauten **s, s, t**.
- Im **Imparfait** und im **Subjonctif présent** ist in den ersten beiden Pluralformen auf das doppelte **-ii-** und dessen Aussprache zu achten: *(que) nous ri**i**ons* [ʀijõ], *(que) vous ri**i**ez* [ʀije].
- **Futur simple/Conditionnel présent**: Die Endungen werden an das **-r des Infinitivs** angehängt.
- Ebenso: *sourire* (lächeln).

Unregelmäßige Verben auf -re

52 rompre (brechen, ab-/durchbrechen)

Présent		Passé composé	
je romp**s** [Rɔ̃]	nous rompons	j'ai romp**u**	nous avons rompu
tu romp**s** [Rɔ̃]	vous rompez	tu as rompu	vous avez rompu
il romp**t** [Rɔ̃]	ils rompent	il a rompu	ils ont rompu

Impératif			Futur composé	
Romp**s**…	Rompons…	Rompez…	je **vais** rompre	nous allons rompre

Imparfait		Plus-que-parfait	
je rompais	nous rompions	j'**avais** romp**u**	nous avions rompu
tu rompais	vous rompiez	tu avais rompu	vous aviez rompu
il rompait	ils rompaient	il avait rompu	ils avaient rompu

Futur simple		Futur antérieur	
je romp**r**ai	nous romp**r**ons	j'**aurai** romp**u**	nous aurons rompu
tu romp**r**as	vous romp**r**ez	tu auras rompu	vous aurez rompu
il romp**r**a	ils romp**r**ont	il aura rompu	ils auront rompu

Conditionnel présent		Conditionnel passé	
je romp**r**ais	nous romp**r**ions	j'**aurais** romp**u**	nous aurions rompu
tu romp**r**ais	vous romp**r**iez	tu aurais rompu	vous auriez rompu
il romp**r**ait	ils romp**r**aient	il aurait rompu	ils auraient rompu

Subjonctif présent		Subjonctif passé	
que je rompe	que nous rompions	que j'**aie** romp**u**	que nous ayons rompu
que tu rompes	que vous rompiez	que tu aies rompu	que vous ayez rompu
qu'il rompe	qu'ils rompent	qu'il ait rompu	qu'ils aient rompu

Passé simple		Passé antérieur	
il romp**it**	ils romp**irent**	il **eut** romp**u**	ils eurent rompu

Participe présent	Gérondif
rompant	en rompant

- **Rompre** weist bei der Bildung der Tempora viele Gemeinsamkeiten mit den Verben auf **-dre** auf (→ rendre, S. 27), nur in der 3. Person Singular des Präsens gibt es eine Abweichung: an den Stamm romp- muss ein **t** angehängt werden.
- Wie die meisten Verben auf -dre bildet rompre das **Passé composé** und die anderen zusammengesetzten Zeiten (außer dem Futur composé) mit **avoir** und dem **Participe passé** des Verbs (auf **-u**).
- **Futur simple / Conditionnel présent**: Die Endungen werden an das **-r des Infinitivs** angehängt.
- Ebenso: **interrompre** (unterbrechen), **corrompre** (verderben, bestechen).

Unregelmäßige Verben auf -re

53 suffire (ausreichen, genügen)

Présent		Passé composé	
je suffi**s**	nous suffi**s**ons [syfizõ]	j'**ai** suff**i**	nous avons suffi
tu suffi**s**	vous suffi**s**ez [syfize]	tu as suffi	vous avez suffi
il suffi**t**	ils suffi**s**ent [syfiz]	il a suffi	ils ont suffi

Impératif			Futur composé	
Suffis…	Suffisons…	Suffisez…	je **vais** suffire	nous allons suffire

Imparfait		Plus-que-parfait	
je suffisais	nous suffisions	j'**avais** suff**i**	nous avions suffi
tu suffisais	vous suffisiez	tu avais suffi	vous aviez suffi
il suffisait	ils suffisaient	il avait suffi	ils avaient suffi

Futur simple		Futur antérieur	
je suffi**r**ai	nous suffi**r**ons	j'**aurai** suff**i**	nous aurons suffi
tu suffi**r**as	vous suffi**r**ez	tu auras suffi	vous aurez suffi
il suffi**r**a	ils suffi**r**ont	il aura suffi	ils auront suffi

Conditionnel présent		Conditionnel passé	
je suffi**r**ais	nous suffi**r**ions	j'**aurais** suff**i**	nous aurions suffi
tu suffi**r**ais	vous suffi**r**iez	tu aurais suffi	vous auriez suffi
il suffi**r**ait	ils suffi**r**aient	il aurait suffi	ils auraient suffi

Subjonctif présent		Subjonctif passé	
que je suffise	que nous suffisions	que j'**aie** suff**i**	que nous ayons suffi
que tu suffises	que vous suffisiez	que tu aies suffi	que vous ayez suffi
qu'il suffise	qu'ils suffisent	qu'il ait suffi	qu'ils aient suffi

Passé simple		Passé antérieur	
il suffi**t**	ils suffi**rent**	il **eut** suff**i**	ils eurent suffi

Participe présent	Gérondif
suffisant	en suffisant

- Die Endungen im Präsens Singular lauten **s**, **s**, **t**.
- Im Präsens Plural und bei den davon abgeleiteten Formen ist das **stimmhafte s** zu beachten: **nous suffisons** [syfizõ].
- **Futur simple / Conditionnel présent**: Die Endungen werden an das **-r des Infinitivs** angehängt.
- Ebenso: **circoncire** (beschneiden), aber *Participe passé*: *circoncis*.

Unregelmäßige Verben auf -re

54 suivre (folgen)

Présent		Passé composé	
je **suis**	nous suivons	j'ai suivi	nous avons suivi
tu **suis**	vous suivez	tu as suivi	vous avez suivi
il **suis**	ils suivent	il a suivi	ils ont suivi

Impératif			Futur composé	
Suis…	Suivons…	Suivez…	je **vais** suivre	nous allons suivre

Imparfait		Plus-que-parfait	
je suivais	nous suivions	j'avais suivi	nous avions suivi
tu suivais	vous suiviez	tu avais suivi	vous aviez suivi
il suivait	ils suivaient	il avait suivi	ils avaient suivi

Futur simple		Futur antérieur	
je suivrai	nous suivrons	j'aurai suivi	nous aurons suivi
tu suivras	vous suivrez	tu auras suivi	vous aurez suivi
il suivra	ils suivront	il aura suivi	ils auront suivi

Conditionnel présent		Conditionnel passé	
je suivrais	nous suivrions	j'aurais suivi	nous aurions suivi
tu suivrais	vous suivriez	tu aurais suivi	vous auriez suivi
il suivrait	ils suivraient	il aurait suivi	ils auraient suivi

Subjonctif présent		Subjonctif passé	
que je suive	que nous suivions	que j'**aie** suivi	que nous ayons suivi
que tu suives	que vous suiviez	que tu aies suivi	que vous ayez suivi
qu'il suive	qu'ils suivent	qu'il ait suivi	qu'ils aient suivi

Passé simple		Passé antérieur	
il suiv**it**	ils suiv**irent**	il **eut** suivi	ils eurent suivi

Participe présent	Gérondif
suivant	en suivant

- Hier sind besonders die verkürzten Formen im Präsens Singular zu beachten: **je suis**, **tu suis**, **il suit**.
- Die Form **je suis** kann mit *ich bin* (→ *être*, S. 12) und *ich folge* übersetzt werden. Die jeweils passende Bedeutung wird durch den Kontext der Aussage klar.
- **Futur simple/Conditionnel présent**: Die Endungen werden an das **-r des Infinitivs** angehängt.
- Ebenso: **poursuivre** (verfolgen).

Unregelmäßige Verben auf -re

55 *se taire (schweigen)

Présent		Passé composé	
je me tai**s**	nous nous tai**s**ons [tɛzõ]	je **me suis** tu(e)	nous nous sommes tu(e)s
tu te tai**s**	vous vous tai**s**ez [tɛze]	tu t'es tu(e)	vous vous êtes tu(e, s, es)
il se tai**t**	ils se tai**s**ent [tɛz]	il, elle s'est tu(e)	ils, elles se sont tu(e)s

Impératif			Futur composé	
Tais-**toi**.	Taisons-nous.	Taisez-vous.	je **vais** me taire	nous allons nous taire

Imparfait		Plus-que-parfait	
je me taisais	nous nous taisions	je **m'étais** tu(e)	nous nous étions tu(e)s
tu te taisais	vous vous taisiez	tu t'étais tu(e)	vous vous étiez tu(e, s, es)
il se taisait	ils se taisaient	il, elle s'était tu(e)	ils, elles s'étaient tu(e)s

Futur simple		Futur antérieur	
je me tai**r**ai	nous nous tai**r**ons	je **me serai** tu(e)	nous nous serons tu(e)s
tu te tai**r**as	vous vous tai**r**ez	tu te seras tu(e)	vous vous serez tu(e, s, es)
il se tai**r**a	ils se tai**r**ont	il, elle se sera tu(e)	ils, elles se seront tu(e)s

Conditionnel présent		Conditionnel passé	
je me tai**r**ais	nous nous tai**r**ions	je **me serais** tu(e)	nous nous serions tu(e)s
tu te tai**r**ais	vous vous tai**r**iez	tu te serais tu(e)	vous vous seriez tu(e, s, es)
il se tai**r**ait	ils se tai**r**aient	il, elle se serait tu(e)	ils, elles se seraient tu(e)s

Subjonctif présent		Subjonctif passé	
que je me taise	que nous nous taisions	que je **me sois** tu(e)	que nous nous soyons tu(e)s
que tu te taises	que vous vous taisiez	que tu tu te sois tu(e)	que vous vous soyez tu(e, s, es)
qu'il se taise	qu'ils se taisent	qu'il, elle se soit tu(e)	qu'ils, elles se soient tu(e)s

Passé simple		Passé antérieur	
il se **tut**	ils se **turent**	il, elle **se fut** tu(e)	ils, elles se furent tu(e)s

Participe présent	Gérondif
se taisant	en se taisant

- Die Endungen im Präsens Singular lauten **s**, **s**, **t**.
- Im Präsens Plural und bei den davon abgeleiteten Formen ist das **stimmhafte s** zu beachten: **nous nous taisons** [tɛzõ].
- **Futur simple / Conditionnel présent**: Die Endungen werden an das **-r des Infinitivs** angehängt.
- Wie alle anderen reflexiven Verben bildet *se taire* die zusammengesetzten Zeiten (außer dem *Futur composé*) mit **être**. Dabei muss auf die Angleichung des *Participe passé* geachtet werden.

Unregelmäßige Verben auf -re

56 vivre (leben)

Présent		Passé composé	
je **vis**	nous vivons	j'**ai vécu**	nous avons vécu
tu **vis**	vous vivez	tu as vécu	vous avez vécu
il **vit**	ils vivent	il a vécu	ils ont vécu

Impératif			Futur composé	
Vis…	Vivons…	Vivez…	je **vais** vivre	nous **allons** vivre

Imparfait		Plus-que-parfait	
je vivais	nous vivions	j'**avais vécu**	nous avions vécu
tu vivais	vous viviez	tu avais vécu	vous aviez vécu
il vivait	ils vivaient	il avait vécu	ils avaient vécu

Futur simple		Futur antérieur	
je viv**r**ai	nous viv**r**ons	j'**aurai vécu**	nous aurons vécu
tu viv**r**as	vous viv**r**ez	tu auras vécu	vous aurez vécu
il viv**r**a	ils viv**r**ont	il aura vécu	ils auront vécu

Conditionnel présent		Conditionnel passé	
je viv**r**ais	nous viv**r**ions	j'**aurais vécu**	nous aurions vécu
tu viv**r**ais	vous viv**r**iez	tu aurais vécu	vous auriez vécu
il viv**r**ait	ils viv**r**aient	il aurait vécu	ils auraient vécu

Subjonctif présent		Subjonctif passé	
que je vive	que nous vivions	que j'**aie vécu**	que nous ayons vécu
que tu vives	que vous viviez	que tu aies vécu	que vous ayez vécu
qu'il vive	qu'ils vivent	qu'il ait vécu	qu'ils aient vécu

Passé simple		Passé antérieur	
il **vit**	ils **virent**	il eut **vécu**	ils eurent vécu

Participe présent	Gérondif
vivant	en vivant

- Hier sind besonders die verkürzten Formen im Präsens Singular zu beachten: **je vis**, **tu vis**, **il vit**.
- **Futur simple/Conditionnel présent**: Die Endungen werden an das **-r des Infinitivs** angehängt.
- Das **Participe passé** lautet **vécu**.
- Ebenso: **revivre** (wieder aufleben/erleben), **survivre** (überleben).

Unregelmäßige Verben auf -*ir*

57 acquérir (erwerben, erlangen)

Présent		Passé composé	
j' acqu**iers** [akjɛʀ]	nous acqu**é**rons [akeʀɔ̃]	j'**ai** acqu**is** [aki]	nous avons acquis
tu acqu**iers**	vous acqu**é**rez [akeʀe]	tu as acquis	vous avez acquis
il acqu**iert**	ils acqu**iè**rent [akjɛʀ]	il a acquis	ils ont acquis
Impératif		**Futur composé**	
Acquiers... Acquérons... Acquérez...		je **vais** acquérir	nous allons acquérir
Imparfait		**Plus-que-parfait**	
j' acquérais	nous acquérions	j'**avais** acqu**is**	nous avions acquis
tu acquérais	vous acquériez	tu avais acquis	vous aviez acquis
il acquérait	ils acquéraient	il avait acquis	ils avaient acquis
Futur simple		**Futur antérieur**	
j' acqu**err**ai	nous acqu**err**ons	j'**aurai** acqu**is**	nous aurons acquis
tu acqu**err**as	vous acqu**err**ez	tu auras acquis	vous aurez acquis
il acqu**err**a	ils acqu**err**ont	il aura acquis	ils auront acquis
Conditionnel présent		**Conditionnel passé**	
j' acqu**err**ais	nous acqu**err**ions	j'**aurais** acqu**is**	nous aurions acquis
tu acqu**err**ais	vous acqu**err**iez	tu aurais acquis	vous auriez acquis
il acqu**err**ait	ils acqu**err**aient	il aurait acquis	ils auraient acquis
Subjonctif présent		**Subjonctif passé**	
que j' acqu**iè**re	que nous acqu**é**rions	que j'**aie** acqu**is**	que nous ayons acquis
que tu acqu**iè**res	que vous acqu**é**riez	que tu aies acquis	que vous ayez acquis
qu'il acqu**iè**re	qu'ils acqu**iè**rent	qu'il ait acquis	qu'ils aient acquis
Passé simple		**Passé antérieur**	
il acqu**it**	ils acqu**irent**	il **eut** acqu**is**	ils eurent acquis
Participe présent		**Gérondif**	
acquérant		en acquérant	

- Im **Präsens** ist der Wechsel von Formen mit und ohne *i* zu beachten: *j'acqu**i**ers – nous acqu**é**rons*.
- Die Endungen im Präsens Singular lauten *s*, *s*, *t*.
- Im **Futur simple** und **Conditionnel présent** werden die Endungen an den Stamm -**acquerr**- [akɛʀ] angehängt.
- Ebenso: **conquérir** (erobern), **reconquérir** (zurückerobern, wiedererlangen).
- Zur *liaison phonétique* (Bindung) zwischen zwei Wörtern → S. 6.

Unregelmäßige Verben auf -ir

58 courir (rennen, laufen)

Présent		Passé composé	
je cour**s**	nous courons	j'**ai** couru	nous avons couru
tu cour**s**	vous courez	tu as couru	vous avez couru
il cour**t**	ils courent	il a couru	ils ont couru

Impératif			Futur composé	
Cours…	Courons…	Courez…	je **vais** courir	nous allons courir

Imparfait		Plus-que-parfait	
je courais	nous courions	j'**avais** couru	nous avions couru
tu courais	vous couriez	tu avais couru	vous aviez couru
il courait	ils couraient	il avait couru	ils avaient couru

Futur simple		Futur antérieur	
je cou**rr**ai	nous cou**rr**ons	j'**aurai** couru	nous aurons couru
tu cou**rr**as	vous cou**rr**ez	tu auras couru	vous aurez couru
il cou**rr**a	ils cou**rr**ont	il aura couru	ils auront couru

Conditionnel présent		Conditionnel passé	
je cou**rr**ais	nous cou**rr**ions	j'**aurais** couru	nous aurions couru
tu cou**rr**ais	vous cou**rr**iez	tu aurais couru	vous auriez couru
il cou**rr**ait	ils cou**rr**aient	il aurait couru	ils auraient couru

Subjonctif présent		Subjonctif passé	
que je coure	que nous courions	que j'**aie** couru	que nous ayons couru
que tu coures	que vous couriez	que tu aies couru	que vous ayez couru
qu'il coure	qu'ils courent	qu'il ait couru	qu'ils aient couru

Passé simple		Passé antérieur	
il cour**ut**	ils cour**urent**	il **eut** couru	ils eurent couru

Participe présent	Gérondif
courant	en courant

- Die Endungen im Präsens Singular lauten **s**, **s**, **t**.
- Im **Futur simple** und **Conditionnel présent** fällt das **i** des Infinitivs weg, stattdessen wird das **r** vor den Endungen verdoppelt: **je courrai(s)**.
- Die **zusammengesetzten Zeiten** außer dem *Futur composé* werden mit **avoir** gebildet.
- Ebenso: **accourir** (herbeilaufen; bei diesem Verb können die zusammengesetzten Zeiten auch mit *être* gebildet werden), **concourir** (beitragen, teilnehmen), **parcourir** (durchfahren/-laufen).

Unregelmäßige Verben auf -ir

59 cueillir (pflücken)

Présent		Passé composé	
je cueille [kœj]	nous cueillons [kœjɔ̃]	j'ai cueilli [kœji]	nous avons cueilli
tu cueilles	vous cueillez	tu as cueilli	vous avez cueilli
il cueille	ils cueillent	il a cueilli	ils ont cueilli
Impératif		**Futur composé**	
Cueille... Cueillons... Cueillez...		je **vais** cueillir	nous allons cueillir
Imparfait		**Plus-que-parfait**	
je cueillais	nous cueillions	j'**avais** cueilli	nous avions cueilli
tu cueillais	vous cueilliez	tu avais cueilli	vous aviez cueilli
il cueillait	ils cueillaient	il avait cueilli	ils avaient cueilli
Futur simple		**Futur antérieur**	
je cueillerai	nous cueillerons	j'**aurai** cueilli	nous aurons cueilli
tu cueilleras	vous cueillerez	tu auras cueilli	vous aurez cueilli
il cueillera	ils cueilleront	il aura cueilli	ils auront cueilli
Conditionnel présent		**Conditionnel passé**	
je cueillerais	nous cueillerions	j'**aurais** cueilli	nous aurions cueilli
tu cueillerais	vous cueilleriez	tu aurais cueilli	vous auriez cueilli
il cueillerait	ils cueilleraient	il aurait cueilli	ils auraient cueilli
Subjonctif présent		**Subjonctif passé**	
que je cueille	que nous cueillions	que j'**aie** cueilli	que nous ayons cueilli
que tu cueilles	que vous cueilliez	que tu aies cueilli	que vous ayez cueilli
qu'il cueille	qu'ils cueillent	qu'il ait cueilli	qu'ils aient cueilli
Passé simple		**Passé antérieur**	
il cueillit	ils cueillirent	il **eut** cueilli	ils eurent cueilli
Participe présent		**Gérondif**	
cueillant		en cueillant	

- *cueillir* wird in den **einfachen Zeiten**, außer im *Passé simple*, wie ein Verb auf **-er** konjugiert (→ *regarder*, S. 13).
- **Aber**: Das **Participe passé** endet auf **-i**.
- Ebenso: **accueillir** (aufnehmen, empfangen), **(*se) recueillir** (ernten, (sich) sammeln).

Unregelmäßige Verben auf *-ir*

60 découvrir (entdecken)

Présent		Passé composé	
je découv**re**	nous découv**rons**	j'**ai** découv**ert**	nous avons découvert
tu découv**res**	vous découv**rez**	tu as découvert	vous avez découvert
il découv**re**	ils découv**rent**	il a découvert	ils ont découvert

Impératif			Futur composé	
Découvre…	Découvrons…	Découvrez…	je **vais** découvrir	nous allons découvrir

Imparfait		Plus-que-parfait	
je découv**rais**	nous découv**rions**	j'**avais** découv**ert**	nous avions découvert
tu découv**rais**	vous découv**riez**	tu avais découvert	vous aviez découvert
il découv**rait**	ils découv**raient**	il avait découvert	ils avaient découvert

Futur simple		Futur antérieur	
je découvri**rai**	nous découvri**rons**	j'**aurai** découv**ert**	nous aurons découvert
tu découvri**ras**	vous découvri**rez**	tu auras découvert	vous aurez découvert
il découvri**ra**	ils découvri**ront**	il aura découvert	ils auront découvert

Conditionnel présent		Conditionnel passé	
je découvri**rais**	nous découvri**rions**	j'**aurais** découv**ert**	nous aurions découvert
tu découvri**rais**	vous découvri**riez**	tu aurais découvert	vous auriez découvert
il découvri**rait**	ils découvri**raient**	il aurait découvert	ils auraient découvert

Subjonctif présent		Subjonctif passé	
que je découvre	que nous découvrions	que j'**aie** découv**ert**	que nous ayons découvert
que tu découvres	que vous découvriez	que tu aies découvert	que vous ayez découvert
qu'il découvre	qu'ils découvrent	qu'il ait découvert	qu'ils aient découvert

Passé simple		Passé antérieur	
il découvr**it**	ils découvr**irent**	il **eut** découv**ert**	ils eurent découvert

Participe présent	Gérondif
découvrant	en découvrant

- In den einfachen Zeiten wird **découvrir** im **Präsens**, **Imparfait** und **Subjonctif** wie ein Verb auf *-er* konjugiert (→ *regarder*, S. 13), im **Futur simple** und **Conditionnel présent** werden die Endungen an das *-r* des Infinitivs angehängt.
- Aber: Das **Participe passé** endet auf *-ert*.
- Die Bildung des **Passé simple** ist regelmäßig, die Formen der 3. Person Singular/Plural enden auf *-it* bzw. *-irent*.
- Ebenso: **couvrir** (bedecken), **recouvrir** (zudecken, wieder bedecken), *****se recouvrir** (sich zuziehen, bewölken).

Unregelmäßige Verben auf -ir

61 fuir (fliehen, flüchten)

Présent		Passé composé	
je fui**s**	nous fu**y**ons	j'ai fui	nous avons fui
tu fui**s**	vous fu**y**ez	tu as fui	vous avez fui
il fui**t**	ils fuient	il a fui	ils ont fui
Impératif		**Futur composé**	
Fuis... Fuyons... Fuyez...		je **vais** fuire	nous allons fuire
Imparfait		**Plus-que-parfait**	
je fuyais	nous fu**yi**ons	j'**avais** fui	nous avions fui
tu fuyais	vous fu**yi**ez	tu avais fui	vous aviez fui
il fuyait	ils fuyaient	il avait fui	ils avaient fui
Futur simple		**Futur antérieur**	
je fui**r**ai	nous fui**r**ons	j'**aurai** fui	nous aurons fui
tu fui**r**as	vous fui**r**ez	tu auras fui	vous aurez fui
il fui**r**a	ils fui**r**ont	il aura fui	ils auront fui
Conditionnel présent		**Conditionnel passé**	
je fui**r**ais	nous fui**r**ions	j'**aurais** fui	nous aurions fui
tu fui**r**ais	vous fui**r**iez	tu aurais fui	vous auriez fui
il fui**r**ait	ils fui**r**aient	il aurait fui	ils auraient fui
Subjonctif présent		**Subjonctif passé**	
que je fuie	que nous fu**yi**ons	que j'aie fui	que nous ayons fui
que tu fuies	que vous fu**yi**ez	que tu aies fui	que vous ayez fui
qu'il fuie	qu'ils fuient	qu'il ait fui	qu'ils aient fui
Passé simple		**Passé antérieur**	
il fui**t**	ils fui**rent**	il eut fui	ils eurent fui
Participe présent		**Gérondif**	
fu**y**ant		en fu**y**ant	

- Bei den **endungsbetonten Formen** des **Präsens** und des **Subjonctif** (1. und 2. Person Plural) sowie bei den vom Präsens abgeleiteten Formen (**Imparfait, Participe présent, Gérondif**) ist der Wechsel vom *i* zum *y* zu beachten: ***nous fuyons – (que) nous fuyions – (en) fuyant***.
- Die Endungen im Präsens Singular lauten **s**, **s**, **t**.
- *Futur simple / Conditionnel présent*: Die Endungen werden an das **-r des Infinitivs** angehängt.
- Ebenso: **s'enfuir* (entfliehen).

Unregelmäßige Verben auf *-ir*

62 haïr (hassen)

Présent		Passé composé	
je hais ['ɛ]	nous haïssons ['aisõ]	j'ai haï ['ai]	nous avons haï
tu hais	vous haïssez ['aise]	tu as haï	vous avez haï
il hait	ils haïssent ['ais]	il a haï	ils ont haï
Impératif		**Futur composé**	
Hais… Haïssons… Haïssez…		je **vais** haïr	nous allons haïr
Imparfait		**Plus-que-parfait**	
je haïssais	nous haïssions	j'**avais** haï	nous avions haï
tu haïssais	vous haïssiez	tu avais haï	vous aviez haï
il haïssait	ils haïssaient	il avait haï	ils avaient haï
Futur simple		**Futur antérieur**	
je haïrai	nous haïrons	j'**aurai** haï	nous aurons haï
tu haïras	vous haïrez	tu auras haï	vous aurez haï
il haïra	ils haïront	il aura haï	ils auront haï
Conditionnel présent		**Conditionnel passé**	
je haïrais	nous haïrions	j'**aurais** haï	nous aurions haï
tu haïrais	vous haïriez	tu aurais haï	vous auriez haï
il haïrait	ils haïraient	il aurait haï	ils auraient haï
Subjonctif présent		**Subjonctif passé**	
que je haïsse	que nous haïssions	que j'aie haï	que nous ayons haï
que tu haïsses	que vous haïssiez	que tu aies haï	que vous ayez haï
qu'il haïsse	qu'ils haïssent	qu'il ait haï	qu'ils aient haï
Passé simple		**Passé antérieur**	
il haït ['ai]	ils haïrent	il eut haï	ils eurent haï
Participe présent		**Gérondif**	
haïssant		en haïssant	

- Besonders zu beachten ist das fehlende Trema im Präsens Singular und die dadurch veränderte Aussprache: *je hais* ['ɛ], aber: *ils haïssent* ['ais]. Ansonsten wird **haïr** wie die Verben auf *-ir* vom Typ *finir* (→ S. 32) konjugiert.
- Die Singularformen des **Präsens** und des **Passé simple** unterscheiden sich nur in der (Nicht-)Verwendung des Trema: *i*/*ï*; zu beachten ist die Aussprache: *il hait* ['ɛ], *il haït* ['ai].
- Vor dem **h** von *haïr* wird nie gebunden.

Unregelmäßige Verben auf -ir

63 *mourir (sterben)

Présent		Passé composé	
je **meurs**	nous mourons	je **suis** mort(e)	nous sommes mort(e)s
tu **meurs**	vous mourez	tu es mort(e)	vous êtes mort(e, s, es)
il **meurt**	ils **meurent**	il, elle est mort(e)	ils, elles sont mort(e)s
Impératif		**Futur composé**	
Meurs… Mourons… Mourez…		je **vais** mourir	nous allons mourir
Imparfait		**Plus-que-parfait**	
je mourais	nous mourions	j'**étais** mort(e)	nous étions mort(e)s
tu mourais	vous mouriez	tu étais mort(e)	vous étiez mort(e, s, es)
il mourait	ils mouraient	il, elle était mort(e)	ils, elles étaient mort(e)s
Futur simple		**Futur antérieur**	
je mou**rr**ai	nous mou**rr**ons	je **serai** mort(e)	nous serons mort(e)s
tu mou**rr**as	vous mou**rr**ez	tu seras mort(e)	vous serez mort(e, s, es)
il mou**rr**a	ils mou**rr**ont	il, elle sera mort(e)	ils, elles seront mort(e)s
Conditionnel présent		**Conditionnel passé**	
je mou**rr**ais	nous mou**rr**ions	je **serais** mort(e)	nous serions mort(e)s
tu mou**rr**ais	vous mou**rr**iez	tu serais mort(e)	vous seriez mort(e, s, es)
il mou**rr**ait	ils mou**rr**aient	il, elle serait mort(e)	ils, elles seraient mort(e)s
Subjonctif présent		**Subjonctif passé**	
que je meure	que nous **mour**ions	que je **sois** mort(e)	que nous soyons mort(e)s
que tu meures	que vous **mour**iez	que tu sois mort(e)	que vous soyez mort(e, s, es)
qu'il meure	qu'ils meurent	qu'il, elle soit mort(e)	qu'ils, elles soient mort(e)s
Passé simple		**Passé antérieur**	
il mour**ut**	ils mour**urent**	il, elle **fut** mort(e)	ils, elles furent mort(e)s
Participe présent		**Gérondif**	
mourant		en mourant	

- Besonders zu beachten sind die beiden Stämme im Präsens: **meur-** und **mour-** und die hiervon abgeleiteten Formen des **Imparfait (je mourais)** und des **Subjonctif**: **que je meure / que nous mourions**.
- Die Endungen im Präsens Singular lauten **s**, **s**, **t**.
- Im **Futur simple** und **Conditionnel présent** fällt das **i** des Infinitivs weg, stattdessen wird das **r** vor den Endungen verdoppelt: **je mourrai(s)**.
- Mourir kommt auch in **feststehenden Ausdrücken** vor:
  mourir de faim / soif (einen Riesenhunger / großen Durst haben), être mort(e) de fatigue (todmüde sein).

Unregelmäßige Verben auf -ir

64 ouvrir (öffnen)

Présent		Passé composé	
j' ouvr**e**	nous ouvrons	j'**ai** ouv**ert**	nous avons ouvert
tu ouvr**es**	vous ouvrez	tu as ouvert	vous avez ouvert
il ouvr**e**	ils ouvrent	il a ouvert	ils ont ouvert
Impératif		**Futur composé**	
Ouvre… Ouvrons… Ouvrez…		je **vais** ouvrir	nous allons ouvrir
Imparfait		**Plus-que-parfait**	
j' ouvrais	nous ouvrions	j'**avais** ouv**ert**	nous avions ouvert
tu ouvrais	vous ouvriez	tu avais ouvert	vous aviez ouvert
il ouvrait	ils ouvraient	il avait ouvert	ils avaient ouvert
Futur simple		**Futur antérieur**	
j' ouvr**i**rai	nous ouvr**i**rons	j'**aurai** ouv**ert**	nous aurons ouvert
tu ouvr**i**ras	vous ouvr**i**rez	tu auras ouvert	vous aurez ouvert
il ouvr**i**ra	ils ouvr**i**ront	il aura ouvert	ils auront ouvert
Conditionnel présent		**Conditionnel passé**	
j' ouvr**i**rais	nous ouvr**i**rions	j'**aurais** ouv**ert**	nous aurions ouvert
tu ouvr**i**rais	vous ouvr**i**riez	tu aurais ouvert	vous auriez ouvert
il ouvr**i**rait	ils ouvr**i**raient	il aurait ouvert	ils auraient ouvert
Subjonctif présent		**Subjonctif passé**	
que j' ouvre	que nous ouvrions	que j'**aie** ouv**ert**	que nous ayons ouvert
que tu ouvres	que vous ouvriez	que tu aies ouvert	que vous ayez ouvert
qu'il ouvre	qu'ils ouvrent	qu'il ait ouvert	qu'ils aient ouvert
Passé simple		**Passé antérieur**	
il ouvr**it**	ils ouvr**irent**	il **eut** ouv**ert**	ils eurent ouvert
Participe présent		**Gérondif**	
ouvrant		en ouvrant	

- In den einfachen Zeiten wird **ouvrir** im **Präsens**, **Imparfait** und **Subjonctif** wie ein Verb auf **-er** konjugiert (→ *regarder*, S. 13), im **Futur simple** und **Conditionnel présent** werden die Endungen an das **-r des Infinitivs** angehängt.
- Das **Participe passé** endet auf **-ert**.
- Die Bildung des **Passé simple** ist regelmäßig, die Formen der 3. Person Singular/Plural enden auf **-it** bzw. **-irent**.
- Ebenso: **offrir** (anbieten, schenken), **rouvrir** (wieder öffnen), **souffrir** (leiden).
- Zur *liaison phonétique* (Bindung) zwischen zwei Wörtern → S. 6.

Unregelmäßige Verben auf -ir

65 tenir (halten)

Présent		Passé composé	
je **tiens**	nous tenons	j'ai ten**u**	nous avons tenu
tu **tiens**	vous tenez	tu as tenu	vous avez tenu
il **tient**	ils **tiennent**	il a tenu	ils ont tenu
Impératif		**Futur composé**	
Tiens… Tenons… Tenez…		je **vais** tenir	nous allons tenir
Imparfait		**Plus-que-parfait**	
je tenais	nous tenions	j'**avais** ten**u**	nous avions tenu
tu tenais	vous teniez	tu avais tenu	vous aviez tenu
il tenait	ils tenaient	il avait tenu	ils avaient tenu
Futur simple		**Futur antérieur**	
je tien**dr**ai	nous tien**dr**ons	j'**aurai** ten**u**	nous aurons tenu
tu tien**dr**as	vous tien**dr**ez	tu auras tenu	vous aurez tenu
il tien**dr**a	ils tien**dr**ont	il aura tenu	ils auront tenu
Conditionnel présent		**Conditionnel passé**	
je tien**dr**ais	nous tien**dr**ions	j'**aurais** ten**u**	nous aurions tenu
tu tien**dr**ais	vous tien**dr**iez	tu aurais tenu	vous auriez tenu
il tien**dr**ait	ils tien**dr**aient	il aurait tenu	ils auraient tenu
Subjonctif présent		**Subjonctif passé**	
que je tienne	que nous **ten**ions	que j'**aie** ten**u**	que nous ayons tenu
que tu tiennes	que vous **ten**iez	que tu aies tenu	que vous ayez tenu
qu'il tienne	qu'ils tiennent	qu'il ait tenu	qu'ils aient tenu
Passé simple		**Passé antérieur**	
il **tint**	ils **tinrent**	il **eut** ten**u**	ils eurent tenu
Participe présent		**Gérondif**	
tenant		en tenant	

- Besonders zu beachten sind die beiden Stämme im Präsens: *tien(n)-* und *ten-* und die hiervon abgeleiteten Formen des **Imparfait** *(je tenais)* und des **Subjonctif** *(que je tienne / que nous tenions)*.
- Die Endungen im Präsens Singular lauten **s**, **s**, **t**.
- **Futur simple** und **Conditionnel présent** werden vom Stamm *tien-* aus gebildet, wobei ein *dr* eingeschoben wird: *je tien<u>dr</u>ai*.
- Ebenso: *****s'abstenir** (verzichten, sich enthalten), **appartenir** (gehören), **contenir** (enthalten), **(*s')entretenir** ((sich) unterhalten), **maintenir** (aufrechterhalten), **obtenir** (bekommen, erhalten), **retenir** (zurückhalten), **soutenir** (unterstützen).

Unregelmäßige Verben auf -ir

66 *venir (kommen)

Présent		Passé composé	
je **viens**	nous venons	je **suis** venu(e)	nous sommes venu(e)s
tu **viens**	vous venez	tu es venu(e)	vous êtes venu(e, s, es)
il **vient**	ils **viennent**	il, elle est venu(e)	ils, elles sont venu(e)s

Impératif			Futur composé	
Viens…	Venons…	Venez…	je **vais** venir	nous allons venir

Imparfait		Plus-que-parfait	
je venais	nous venions	j'**étais** venu(e)	nous étions venu(e)s
tu venais	vous veniez	tu étais venu(e)	vous étiez venu(e, s, es)
il venait	ils venaient	il, elle était venu(e)	ils, elles étaient venu(e)s

Futur simple		Futur antérieur	
je vien**dr**ai	nous vien**dr**ons	je **serai** venu(e)	nous serons venu(e)s
tu vien**dr**as	vous vien**dr**ez	tu seras venu(e)	vous serez venu(e, s, es)
il vien**dr**a	ils vien**dr**ont	il, elle sera venu(e)	ils, elles seront venu(e)s

Conditionnel présent		Conditionnel passé	
je vien**dr**ais	nous vien**dr**ions	je **serais** venu(e)	nous serions venu(e)s
tu vien**dr**ais	vous vien**dr**iez	tu serais venu(e)	vous seriez venu(e, s, es)
il vien**dr**ait	ils vien**dr**aient	il, elle serait venu(e)	ils, elles seraient venu(e)s

Subjonctif présent		Subjonctif passé	
que je vienne	que nous **ven**ions	que je **sois** venu(e)	que nous soyons venu(e)s
que tu viennes	que vous **ven**iez	que tu sois venu(e)	que vous soyez venu(e, s, es)
qu'il vienne	qu'ils viennent	qu'il, elle soit venu(e)	qu'ils, elles soient venu(e)s

Passé simple		Passé antérieur	
il **vint**	ils **vinrent**	il **fut** venu	ils, elles furent venu(e)s

Participe présent	Gérondif
venant	en venant

- Besonders zu beachten sind die beiden Stämme im Präsens: **vien(n)**- und **ven**- und die davon abgeleiteten Formen des **Imparfait (je venais)** und des **Subjonctif (que je vienne / que nous venions)**.
- Die Endungen im Präsens Singular lauten **s**, **s**, **t**.
- **Futur simple** und **Conditionnel présent** werden vom Stamm **vien**- aus gebildet, wobei ein **dr** eingeschoben wird: **je viendrai**.
- Ebenso: *advenir (geschehen), *devenir (werden), *intervenir (eingreifen, intervenieren), *parvenir (gelangen, erreichen), *revenir (zurückkommen), *se souvenir (sich erinnern), *survenir (sich plötzlich ereignen, plötzlich eintreten); convenir (passen, vereinbaren) und prévenir (benachrichtigen, warnen) bilden die zusammengesetzten Zeiten (außer dem *Futur composé*) mit **avoir**.

Unregelmäßige Verben auf -oir

67 *s'ass(e)oir (sich setzen)

Présent		Passé composé	
je m' assieds	nous nous asseyons	je me suis assis(e)	nous nous sommes assis(e)s
tu t' assieds	vous vous asseyez	tu t'es assis(e)	vous vous êtes assis(e, es)
il s' assied	ils s' asseyent	il, elle s'est assis(e)	ils, elles se sont assis(e)s

Impératif			Futur composé	
Assieds-toi…	Asseyons-nous…	Asseyez-vous…	je vais m' ass(e)oir	nous allons nous ass(e)oir

Imparfait		Plus-que-parfait	
je m' asseyais	nous nous asseyions	je m'étais assis(e)	nous nous étions assis(e)s
tu t' asseyais	vous vous asseyiez	tu t'étais assis(e)	vous vous étiez assis(e, es)
il s' asseyait	ils s' asseyaient	il, elle s'était assis(e)	ils, elles s'étaient assis(e)s

Futur simple		Futur antérieur	
je m' assiérai	nous nous assiérons	je me serai assis(e)	nous nous serons assis(e)s
tu t' assiéras	vous vous assiérez	tu te seras assis(e)	vous vous serez assis(e, es)
il s' assiéra	ils s' assiéront	il, elle se sera assis(e)	ils, elles se seront assis(e)s

Conditionnel présent		Conditionnel passé	
je m' assiérais	nous nous assiérions	je me serais assis(e)	nous nous serions assis(e)s
tu t' assiérais	vous vous assiériez	tu te serais assis(e)	vous vous seriez assis(e, es)
il s' assiérait	ils s' assiéraient	il, elle serait assis(e)	ils, elles se seraient assis(e)s

Subjonctif présent		Subjonctif passé	
que je m' asseye	que nous nous asseyions	que je me sois assis(e)	que nous nous soyons assis(e)s
que tu t' asseyes	que vous vous asseyiez	que tu te sois assis(e)	que vous vous soyez assis(e, es)
qu'il s' asseye	qu'ils s' asseyent	qu'il, elle se soit assis(e)	qu'ils, elles soient assis(e)s

Passé simple		Passé antérieur	
il s'assit	ils s'assirent	il, elle se fut assis(e)	ils, elles se furent assis(e)s

Participe présent	Gérondif
s'asseyant	en s'asseyant

- Das Verb **s'ass(e)oir**, das mit oder ohne **e** vor der Infinitivendung **-oir** geschrieben werden kann, hat in den einfachen Formen neben diesem ein weiteres Konjugationsmuster (→ S. 78). Die Präsensstämme **assie-** und **assey-** gehören eher zur **Schriftsprache**, die Formen mit **assoi-** bzw. **assoy-** (→ S. 78) finden sich häufiger in der **gesprochenen Sprache**.
- Die Endungen im Präsens Singular lauten **ds**, **ds**, **d** (wie bei den regelmäßigen Verben auf -dre).
- Zu beachten ist das **i** nach dem **y** in der 1. Person Plural von **Imparfait** und **Subjonctif**.
- **Futur simple / Conditionnel présent**: Das **e** des Stammes erhält einen *accent aigu*: **assiér-**.
- S'asseoir kann in den zusammengesetzten Zeiten auch **nicht reflexiv** gebraucht werden und hat dann eine andere Bedeutung: *être assis(e)* (sitzen).
- Ebenso: **se rasseoir** (sich wieder hinsetzen).

Unregelmäßige Verben auf *-oir*

68 *s'ass(e)oir (sich setzen)

Présent		Passé composé	
je m' ass**o**is	nous nous assoyons	je **me suis** ass**is**(e)	nous nous sommes ass**is**(e)s
tu t' ass**o**is	vous vous ass**oy**ez	tu t'es ass**is**(e)	vous vous êtes ass**is**(e, es)
il s' ass**o**it	ils s' ass**o**ient	il, elle s'est ass**is**(e)	ils, elles se sont ass**is**(e)s
Impératif		**Futur composé**	
Assois-**toi**… Assoyons-nous… Assoyez-vous…		je **vais** m' ass(e)oir	nous allons nous ass(e)oir
Imparfait		**Plus-que-parfait**	
je m' assoyais	nous nous asso**yi**ons	je **m'étais** ass**is**(e)	nous nous étions ass**is**(e)s
tu t' assoyais	vous vous asso**yi**ez	tu t'étais ass**is**(e)	vous vous étiez ass**is**(e, es)
il s' assoyait	ils s' assoyaient	il, elle s'était ass**is**(e)	ils, elles s'étaient ass**is**(e)s
Futur simple		**Futur antérieur**	
je m' asso**ir**ai	nous nous asso**ir**ons	je **me serai** ass**is**(e)	nous nous serons ass**is**(e)s
tu t' asso**ir**as	vous vous asso**ir**ez	tu te seras ass**is**(e)	vous vous serez ass**is**(e, es)
il s' asso**ir**a	ils s' asso**ir**ont	il, elle se sera ass**is**(e)	ils, elles se seront ass**is**(e)s
Conditionnel présent		**Conditionnel passé**	
je m' asso**ir**ais	nous nous asso**ir**ions	je **me serais** ass**is**(e)	nous nous serions ass**is**(e)s
tu t' asso**ir**ais	vous vous asso**ir**iez	tu te serais ass**is**(e)	vous vous seriez ass**is**(e, es)
il s' asso**ir**ait	ils s' asso**ir**aient	il, elle serait ass**is**(e)	ils, elles se seraient ass**is**(e)s
Subjonctif présent		**Subjonctif passé**	
que je m' assoie	que nous nous asso**yi**ons	que je **me sois** ass**is**(e)	que nous nous soyons ass**is**(e)s
que tu t' assoies	que vous vous asso**yi**ez	que tu te sois ass**is**(e)	que vous vous soyez ass**is**(e, es)
qu'il s' assoie	qu'ils s' assoient	qu'il, elle se soit ass**is**(e)	qu'ils, elles se soient ass**is**(e)s
Passé simple		**Passé antérieur**	
il s' ass**it**	ils s' ass**irent**	il, elle **se fut** ass**is**(e)	ils, elles se furent ass**is**(e)s
Participe présent		**Gérondif**	
s' assoyant		en s' assoyant	

- Das Verb **s'ass(e)oir**, das mit oder ohne **e** vor der Infinitivendung **-oir** geschrieben werden kann, hat in den einfachen Formen neben diesem ein weiteres Konjugationsmuster (→ S. 77). Die Präsensstämme **assoi-** und **assoy-** finden sich häufiger in der **gesprochenen Sprache**, die Formen mit **assie-** bzw. **assey-** gehören eher zur **Schriftsprache**.
- Die Endungen im Präsens Singular lauten **s**, **s**, **t**.
- Zu beachten ist das **i** nach dem **y** in der 1. Person Plural von **Imparfait** und **Subjonctif**.
- **Futur simple/Conditionnel présent**: Die Endungen werden an das **-r des Infinitivs** angehängt.
- S'asseoir kann in den zusammengesetzten Zeiten auch **nicht reflexiv** gebraucht werden und hat dann eine andere Bedeutung: *être assis(e)* (sitzen).
- Ebenso: **se rasseoir** (sich wieder hinsetzen).

Unregelmäßige Verben auf *-oir*

69 devoir (müssen, sollen)

Présent		Passé composé	
je **dois**	nous devons	j'**ai dû**	nous avons dû
tu **dois**	vous devez	tu as dû	vous avez dû
il **doit**	ils **doivent**	il a dû	ils ont dû

Impératif	Futur composé	
keine Imperativformen	je **vais** devoir	nous allons devoir

Imparfait		Plus-que-parfait	
je devais	nous devions	j'**avais dû**	nous avions dû
tu devais	vous deviez	tu avais dû	vous aviez dû
il devait	ils devaient	il avait dû	ils avaient dû

Futur simple		Futur antérieur	
je dev**r**ai	nous dev**r**ons	j'**aurai dû**	nous aurons dû
tu dev**r**as	vous dev**r**ez	tu auras dû	vous aurez dû
il dev**r**a	ils dev**r**ont	il aura dû	ils auront dû

Conditionnel présent		Conditionnel passé	
je dev**r**ais	nous dev**r**ions	j'**aurais dû**	nous aurions dû
tu dev**r**ais	vous dev**r**iez	tu aurais dû	vous auriez dû
il dev**r**ait	ils dev**r**aient	il aurait dû	ils auraient dû

Subjonctif présent		Subjonctif passé	
que je **doive**	que nous devions	que j'**aie dû**	que nous ayons dû
que tu **doives**	que vous deviez	que tu aies dû	que vous ayez dû
qu'il **doive**	qu'ils **doivent**	qu'il ait dû	qu'ils aient dû

Passé simple		Passé antérieur	
il **dut**	ils **durent**	il **eut dû**	ils eurent dû

Participe présent	Gérondif
devant	en devant

- ***Devoir*** hat zwei Stämme: ***doi(v)-*** und ***dev***, die in den verschiedenen Zeiten und Modi zu beachten sind.
- Die Endungen im Präsens Singular lauten **s**, **s**, **t**.
- ***Futur simple / Conditionnel présent***: Zwischen Stamm *dev-* + und Endung wird ein **r** eingeschoben.
- Nur das maskuline *Participe passé* im Singular erhält einen *Accent circonflexe* (*dû*); alle anderen Formen stehen ohne Akzent: **dus**, **due**, **dues**.
- Auf *devoir*, das zu den modalen Hilfsverben zählt, folgt meist ein Infinitiv: *Je dois lui téléphoner ce soir.*
- Als Vollverb bedeutet *devoir* „schulden/schuldig sein": *Il me doit encore 100 euros.* (Er schuldet mir noch 100 Euro.)

Unregelmäßige Verben auf -*oir*

70 falloir (brauchen, müssen)

Présent	Passé composé
il faut	il a fallu
Impératif	**Futur composé**
keine Imperativformen	il va falloir
Imparfait	**Plus-que-parfait**
il fallait	il avait fallu
Futur simple	**Futur antérieur**
il faudra	il aura fallu
Conditionnel présent	**Conditionnel passé**
il faudrait	il aurait fallu
Subjonctif présent	**Subjonctif passé**
qu'il faille	qu'il ait fallu
Passé simple	**Passé antérieur**
il fallut	il eut fallu

- *Falloir* kommt nur als **unpersönliches Verb** in der 3. Person Singular vor: ***il faut*** (man muss). In Verbindung mit einer konkreten Person muss eines der Objektpronomen *me*, *te*, *lui*, *nous*, *vous*, *leur* vorangestellt werden: *Il me faut faire mes devoirs*. (Ich muss meine Hausaufgaben machen).

- Häufig wird zum Ausdruck einer Notwendigkeit die Wendung ***il faut que*** + Nebensatz verwendet. Im Nebensatz mit *que* steht dabei immer der **Subjonctif**: *Il faut que vous finissiez vos exercices*.

- Ebenso: ***valoir*** (kosten, wert sein), das wie *falloir* fast ausschließlich in der 3. Person Singular vorkommt: *Cela ne vaut pas cher.* (Das kostet nicht viel.)

Unregelmäßige Verben auf *-oir*

71 pleuvoir (regnen)

Présent	Passé composé
il pleu**t**	il **a** plu
Impératif	**Futur composé**
keine Imperativformen	il **va** pleuvoir
Imparfait	**Plus-que-parfait**
il pleuvait	il **avait** plu
Futur simple	**Futur antérieur**
il pleuv**r**a	il **aura** plu
Conditionnel présent	**Conditionnel passé**
il pleuv**r**ait	il **aurait** plu
Subjonctif présent	**Subjonctif passé**
qu'il pleuve	qu'il **ait** plu
Passé simple	**Passé antérieur**
il pl**ut**	il **eut** plu
Participe présent	**Gérondif**
pleuvant	en pleuvant

- *Pleuvoir* kommt als **unpersönliches Verb** in seiner konkreten Bedeutung nur in der 3. Person Singular vor: ***il pleut*** (es regnet).
- Im übertragenen Sinne kann auch die 3. Person Plural benutzt werden: *Les coups pleuvaient sur le visage du boxer.* (Die Schläge prasselten auf das Gesicht des Boxers.)
- *Futur simple / Conditionnel présent*: Zwischen Stamm *pleuv-* + und Endung wird ein *r* eingeschoben.
- Das *Participe passé* ist identisch mit dem von *plaire* (→ S. 58). Die jeweilige Bedeutung ergibt sich aus dem Kontext.

Unregelmäßige Verben auf -oir

72 pouvoir (können)

Présent		Passé composé	
je **peux**	nous pouvons	j'ai **pu**	nous avons pu
tu **peux**	vous pouvez	tu as pu	vous avez pu
il **peut**	ils **peuvent**	il a pu	ils ont pu
Impératif		**Futur composé**	
keine Imperativformen		je **vais** pouvoir	nous allons pouvoir
Imparfait		**Plus-que-parfait**	
je pouvais	nous pouvions	j'avais **pu**	nous avions pu
tu pouvais	vous pouviez	tu avais pu	vous aviez pu
il pouvait	ils pouvaient	il avait pu	ils avaient pu
Futur simple		**Futur antérieur**	
je pou**rr**ai	nous pou**rr**ons	j'**aurai pu**	nous aurons pu
tu pou**rr**as	vous pou**rr**ez	tu auras pu	vous aurez pu
il pou**rr**a	ils pou**rr**ont	il aura pu	ils auront pu
Conditionnel présent		**Conditionnel passé**	
je pou**rr**ais	nous pou**rr**ions	j'**aurais pu**	nous aurions pu
tu pou**rr**ais	vous pou**rr**iez	tu aurais pu	vous auriez pu
il pou**rr**ait	ils pou**rr**aient	il aurait pu	ils auraient pu
Subjonctif présent		**Subjonctif passé**	
que je **puiss**e	que nous **puiss**ions	que j'**aie pu**	que nous ayons pu
que tu **puiss**es	que vous **puiss**iez	que tu aies pu	que vous ayez pu
qu'il **puiss**e	qu'ils **puiss**ent	qu'il ait pu	qu'ils aient pu
Passé simple		**Passé antérieur**	
il put	ils purent	il eut **pu**	ils eurent pu
Participe présent		**Gérondif**	
pouvant		en pouvant	

- Bei **pouvoir**, das keine Imperativformen hat, sind vor allem folgende Unregelmäßigkeiten zu beachten:
  - die Präsensformen mit ihrem Wechsel zwischen dem Stamm **peu(v)-** für die stammbetonten und dem Stamm **pouv-** für die endungsbetonten Formen;
  - die Endungen im Präsens Singular: auf **x**, **x**, **t**;
  - die Formen des **Futur simple** und **Conditionnel présent** mit Doppel-r: **je pou_r_rai(s)**;
  - der Stamm **puiss-** des **Subjonctifs**.

- *Pouvoir* gehört zu den modalen Hilfsverben; ihm folgt häufig ein Infinitiv: *Ce matin, je ne **peux** pas venir.*

- Wenn mit „können" eine lernbare Fähigkeit verbunden wird, wird im Französischen *savoir* verwendet: *Il sait bien danser, mais il ne sait pas bien flirter* (→ S. 84).

Unregelmäßige Verben auf -oir

73 recevoir (empfangen; bekommen)

Présent		Passé composé	
je reçois	nous recevons	j'ai reçu	nous avons reçu
tu reçois	vous recevez	tu as reçu	vous avez reçu
il reçoit	ils reçoivent	il a reçu	ils ont reçu

Impératif			Futur composé	
Reçois…	Recevons…	Recevez…	je **vais** recevoir	nous allons recevoir

Imparfait		Plus-que-parfait	
je recevais	nous recevions	j'avais reçu	nous avions reçu
tu recevais	vous receviez	tu avais reçu	vous aviez reçu
il recevait	ils recevaient	il avait reçu	ils avaient reçu

Futur simple		Futur antérieur	
je recevrai	nous recevrons	j'aurai reçu	nous aurons reçu
tu recevras	vous recevrez	tu auras reçu	vous aurez reçu
il recevra	ils recevront	il aura reçu	ils auront reçu

Conditionnel présent		Conditionnel passé	
je recevrais	nous recevrions	j'aurais reçu	nous aurions reçu
tu recevrais	vous recevriez	tu aurais reçu	vous auriez reçu
il recevrait	ils recevraient	il aurait reçu	ils auraient reçu

Subjonctif présent		Subjonctif passé	
que je reçoive	que nous recevions	que j'aie reçu	que nous ayons reçu
que tu reçoives	que vous receviez	que tu aies reçu	que vous ayez reçu
qu'il reçoive	qu'ils reçoivent	qu'il ait reçu	qu'ils aient reçu

Passé simple		Passé antérieur	
il reçut	ils reçurent	il **eut** reçu	ils eurent reçu

Participe présent	Gérondif
recevant	en recevant

- Zu beachten sind die beiden Stämme im Präsens und in den davon abgeleiteten Formen: **reçoi(v)-** für die stammbetonten Formen (**je reçois, ils reçoivent**) und **recev-** für die endungsbetonten Formen (**nous recevons**).
- Die Endungen im Präsens Singular lauten **s**, **s**, **t**.
- **Futur simple/Conditionnel présent**: Zwischen Stamm recev- + und Endung wird ein **r** eingeschoben.
- Ebenso: ***s'apercevoir de** (bemerken), **apercevoir** (flüchtig wahrnehmen), **concevoir** (entwerfen, konzipieren), **décevoir** (enttäuschen), **percevoir** (wahrnehmen, erkennen).

Unregelmäßige Verben auf -oir

74 savoir (wissen; können)

Présent		Passé composé	
je sais	nous savons	j'ai su	nous avons su
tu sais	vous savez	tu as su	vous avez su
il sait	ils savent	il a su	ils ont su
Impératif		**Futur composé**	
Sache... Sachons... Sachez...		je vais savoir	nous allons savoir
Imparfait		**Plus-que-parfait**	
je savais	nous savions	j'avais su	nous avions su
tu savais	vous saviez	tu avais su	vous aviez su
il savait	ils savaient	il avait su	ils avaient su
Futur simple		**Futur antérieur**	
je saurai	nous saurons	j'aurai su	nous aurons su
tu sauras	vous saurez	tu auras su	vous aurez su
il saura	ils sauront	il aura su	ils auront su
Conditionnel présent		**Conditionnel passé**	
je saurais	nous saurions	j'aurais su	nous aurions su
tu saurais	vous sauriez	tu aurais su	vous auriez su
il saurait	ils sauraient	il aurait su	ils auraient su
Subjonctif présent		**Subjonctif passé**	
que je sache	que nous sachions	que j'aie su	que nous ayons su
que tu saches	que vous sachiez	que tu aies su	que vous ayez su
qu'il sache	qu'ils sachent	qu'il ait su	qu'ils aient su
Passé simple		**Passé antérieur**	
il sut	ils surent	il eut su	ils eurent su
Participe présent		**Gérondif**	
sachant		en sachant	

- Bei **savoir** sind vor allem folgende Unregelmäßigkeiten zu beachten:
  – die Präsensformen mit ihren Stämmen **sai-** für den Singular und **sav** für den Plural;
  – der gemeinsame Stamm **saur-** für **Futur simple** und **Conditionnel présent**;
  – der Stamm **sach-** für den **Imperativ**, den **Subjonctif** sowie für das **Participe présent** und das **Gérondif**.

- Savoir kann im Deutschen auch als modales Hilfsverb mit „können" übersetzt werden: *Elle sait très bien parler français* (Sie kann sehr gut Französisch [sprechen].); es handelt sich hierbei um eine gelernte Fähigkeit, in allen anderen Fällen wird *pouvoir* für „können" verwendet (→ S. 82).

Unregelmäßige Verben auf -oir

75 voir (sehen)

Présent		Passé composé	
je vois	nous voyons	j'ai vu	nous avons vu
tu vois	vous voyez	tu as vu	vous avez vu
il voit	ils voient	il a vu	ils ont vu

Impératif			Futur composé	
Voyons…	Vois…	Voyez…	je **vais** voir	nous allons voir

Imparfait		Plus-que-parfait	
je voyais	nous voyions	j'**avais** vu	nous avions vu
tu voyais	vous voyiez	tu avais vu	vous aviez vu
il voyait	ils voyaient	il avait vu	ils avaient vu

Futur simple		Futur antérieur	
je verrai	nous verrons	j'**aurai** vu	nous aurons vu
tu verras	vous verrez	tu auras vu	vous aurez vu
il verra	ils verront	il aura vu	ils auront vu

Conditionnel présent		Conditionnel passé	
je verrais	nous verrions	j'**aurais** vu	nous aurions vu
tu verrais	vous verriez	tu aurais vu	vous auriez vu
il verrait	ils verraient	il aurait vu	ils auraient vu

Subjonctif présent		Subjonctif passé	
que je voie	que nous voyions	que j'**aie** vu	que nous ayons vu
que tu voies	que vous voyiez	que tu aies vu	que vous ayez vu
qu'il voie	qu'ils voient	qu'il ait vu	qu'ils aient vu

Passé simple		Passé antérieur	
il vit	ils virent	il eut vu	ils eurent vu

Participe présent	Gérondif
voyant	en voyant

- Bei **voir** sind zu beachten:
  - im Präsens die Stämme **voi-** für die stammbetonten und **voy-** für die endungsbetonten Formen;
  - die Endungen **s**, **s**, **t** im Präsens Singular;
  - der Stamm **verr-** im Futur simple bzw. Conditionnel présent;
  - das **i** nach dem **y** in der 1. Person Plural von Imparfait und Subjonctif.
- Beachte den Unterschied zwischen **voir** und **regarder**:
  Hier, je t'ai vu à la gare. (Ich habe dich gestern [zufällig] am Bahnhof gesehen.) *J'ai regardé l'horaire pour savoir quand le train arriverait.* (Ich habe auf den Fahrplan geschaut, wann der Zug ankommt.)
- Ebenso: **revoir** (wiedersehen).
- Bei **prévoir** (vorhersehen), das ansonsten wie *voir* konjugiert wird, weichen *Futur simple* und *Conditionnel présent* ab: **je prévoirai(s)**.

Unregelmäßige Verben auf -oir

76 vouloir (wollen)

Présent		Passé composé	
je **veux**	nous voulons	j'ai vou**lu**	nous avons voulu
tu **veux**	vous voulez	tu as voulu	vous avez voulu
il **veut**	ils **veulent**	il a voulu	ils ont voulu
Impératif		**Futur composé**	
Veuille... **Veuillez**...		je **vais** vouloir	nous allons vouloir
Imparfait		**Plus-que-parfait**	
je voulais	nous voulions	j'**avais** vou**lu**	nous avions voulu
tu voulais	vous vouliez	tu avais voulu	vous aviez voulu
il voulait	ils voulaient	il avait voulu	ils avaient voulu
Futur simple		**Futur antérieur**	
je vou**d**rai	nous vou**d**rons	j'**aurai** vou**lu**	nous aurons voulu
tu vou**d**ras	vous vou**d**rez	tu auras voulu	vous aurez voulu
il vou**d**ra	ils vou**d**ront	il aura voulu	ils auront voulu
Conditionnel présent		**Conditionnel passé**	
je vou**d**rais	nous vou**d**rions	j'**aurais** vou**lu**	nous aurions voulu
tu vou**d**rais	vous vou**d**riez	tu aurais voulu	vous auriez voulu
il vou**d**rait	ils vou**d**raient	il aurait voulu	ils auraient voulu
Subjonctif présent		**Subjonctif passé**	
que je **veuil**le	que nous voulions	que j'**aie** vou**lu**	que nous ayons voulu
que tu **veuil**les	que vous vouliez	que tu aies voulu	que vous ayez voulu
qu'il **veuil**le	qu'ils **veuill**ent	qu'il ait voulu	qu'ils aient voulu
Passé simple		**Passé antérieur**	
il voul**ut**	ils voul**urent**	il **eut** vou**lu**	ils eurent voulu
Participe présent		**Gérondif**	
voulant		en voulant	

- Bei **vouloir** sind vor allem folgende Unregelmäßigkeiten zu beachten:
  - die Präsensformen mit ihrem Wechsel zwischen dem Stamm **veu(l)-** für die stammbetonten und dem Stamm **voul-** für die endungsbetonten Formen;
  - die Endungen im Präsens Singular: **x**, **x**, **t**;
  - der Stamm **voudr** im **Futur simple** und **Conditionnel présent**;
  - der Stamm **veuill-** bei den stammbetonten Formen im **Subjonctif**.

- **Veuillez** begegnet man besonders häufig am Ende von offiziellen Briefen: *Veuillez agréer, Monsieur/Madame, l'expression de mes sentiments les meilleurs* (= Hochachtungsvoll).

- *Vouloir* gehört zu den modalen Hilfsverben; ihm folgt häufig ein Infinitiv: *Ce matin, je ne **voulais** pas me lever*.

- Im Nebensatz mit *que* steht der **Subjonctif**: *Je veux que tu répondes tout de suite à ma lettre*.

abaisser – accoucher

Alphabetische Verbliste

Die Ziffern (1–76) beziehen sich auf die durchnummerierten Konjugationstabellen (S. 11–86).
Die Verben, die im vorderen Teil dieses Buches als Musterverb dienen, sind orange unterlegt.
Verben, die die zusammengesetzten Zeiten mit *être* bilden, sind mit Sternchen * gekennzeichnet.

A		
abaisser qc	etw. senken, herunterlassen	3
*s'abaisser à faire qc	sich herablassen, etw. zu tun	
abandonner qn/qc	jdn/etw. verlassen, aufgeben	3
abattre qn/qc	jdn töten; etw. abreißen, fällen	25
abdiquer	aufgeben, abdanken, kapitulieren	3
abîmer qc	etw. beschädigen, kaputt machen	3
abolir qc	etw. abschaffen, aufheben	22
abonder	reichlich vorhanden sein	3
*s'abonner à qc	etw. abonnieren	3
aborder qn/qc	jdn/etw. ansprechen	3
aboutir	zu einem Ergebnis gelangen	22
aboutir à	führen, gelangen zu	
aboyer	bellen	15
abréger qc	etw. (ab)kürzen	11
abriter qn	jdm Schutz bieten, jdn beherbergen	3
*s'abriter de qc	sich vor etw. schützen	
abroger qc	etw. abschaffen, aufheben	13
absoudre qn	jdm vergeben, verzeihen	50

*s'abstenir (de qc)	sich enthalten; auf etw. verzichten	65
abstraire qc	von etw. abstrahieren	37
abuser de qc	etw. missbrauchen	3
accabler qn (de qc)	jdn bedrücken, belasten; jdn mit etw. überhäufen	3
accéder à qc	zu etw. gelangen, etw. erlangen	11
accélérer	beschleunigen	11
*s'accélérer	schneller werden	
accentuer qc	etw. betonen, hervorheben	3
accepter qn/qc	jdn/etw. akzeptieren; etw. annehmen	3
accepter de faire qc	damit einverstanden sein, etw. zu tun	
acclamer qn	jdm zujubeln	3
acclimater qc	etw. anpassen (an veränderte Umstände)	3
*s'acclimater	sich akklimatisieren	
*s'accommoder à qc	sich an etw. anpassen	3
*s'accommoder de qc	sich mit etw. abfinden, mit etw. zufrieden sein	
accompagner qn/qc	jdn/etw. begleiten	3
accomplir qc	etw. erfüllen, ausführen	22
accorder qc	etw. gewähren, bewilligen	3
accorder le verbe avec qc	das Verb an etw. angleichen	
*s'accorder	zusammenpassen, harmonieren	
accoucher	entbinden	3

87

accourir – s'agenouiller

accourir	herbeilaufen	58
accoutumer qn à qc	jdn an etw. gewöhnen	3
*s'accoutumer à qc	sich an etw. gewöhnen	
accrocher qc	etw. aufhängen	3
accroître qc	etw. vergrößern, vermehren	35
*s'accroître	größer werden, wachsen, zunehmen	
accueillir qn	jdn aufnehmen; jdn empfangen	59
accumuler qc	etw. anhäufen	3
accuser qn de qc	jdn einer Sache beschuldigen, wegen einer Sache anklagen;	3
accuser qn d'avoir fait qc	jdn beschuldigen, etw. getan zu haben	
acheter qc	etw. kaufen	6
achever qc	etw. vollenden	6
*s'achever	zu Ende gehen	
acquérir qc	etw. erwerben, erlangen	57
*s'acquérir qc	sich etw. verschaffen	
acquitter qn/qc	jdn freisprechen; etw. bezahlen	3
*s'acquitter de qc	einer Sache nachkommen, etw. erfüllen	
activer qn/qc	jdn/etw. in Schwung bringen, etw. beschleunigen	3
actualiser qc	etw. aktualisieren	3
adapter qc à qc	etw. einer Sache anpassen	3
*s'adapter à qn/qc	sich an jdn/etw. anpassen	
adhérer à qc	an etw. (fest)kleben; einer Sache beipflichten; einer Sache (z. B. einer Partei) beitreten	11
admettre qc	etw. zugeben, einräumen; zulassen	43
admirer qn/qc	jdn/etw. bewundern	3
adopter qn/qc	jdn adoptieren; etw. annehmen	3
adorer qn/qc	jdn/etw. lieben, sehr gerne mögen	3
adorer faire qc	etw. sehr gern tun	
adosser qc à/contre qc	etw. an/gegen etw. stellen	3
*s'adosser à qc	sich an etw. lehnen	
adoucir qc	etw. mildern, lindern; versüßen	22
adresser qc à qn	etw. an jdn richten, schicken	3
*s'adresser à qn	sich an jdn wenden	
advenir	geschehen, sich ereignen	66
aérer qc	etw. (aus)lüften	11
affaiblir qn	jdn schwächen	22
*s'affaiblir	schwächer werden, nachlassen	
affamer qn/qc	jdn/etw. aushungern, hungern lassen	3
afficher qc	etw. aushängen, durch Aushang bekannt geben	3
affirmer qc	etw. behaupten, versichern, bekräftigen	3
affluer	(zusammen)strömen	3
affoler qn	jdn sehr erschrecken	3
*s'affoler	sich sehr aufregen, den Kopf verlieren	
affronter qn/qc	jdm trotzen; einer Sache die Stirn bieten	3
*s'affronter	sich gegenüberstehen, aufeinander treffen	
agacer qn	jdn reizen, ärgern	12
s'agenouiller	sich hinknien, niederknien	3

agglomérer – amplifier

agglomérer qc	etw. anhäufen	11
*s'agglomérer	sich ansammeln	
*s'aggraver	sich verschlimmern	3
agir	handeln	22
*s'agir de	sich handeln um	
agiter qc	etw. schütteln	3
agrandir qc	etw. vergrößern	22
*s'agrandir	größer werden, sich vergrößern	
agréer qc	etw. annehmen, einer Sache stattgeben	4
agresser qn	jdn angreifen, belästigen	3
ahurir qn	jdn verblüffen	22
aider qn	jdm helfen	3
aider qn à faire qc	jdm helfen, etw. zu tun	
aimer qn/qc	jdn/etw. lieben, (gerne) mögen	3
aimer faire qc	etw. gerne tun	
aimer mieux qc	etw. lieber mögen	
ajouter qc	etw. hinzufügen	3
alarmer qn	jdn alarmieren	3
s'alarmer de qc	sich wegen etw. ängstigen	
alerter qn	jdn alarmieren	3
aligner qn/qc	jdn aufstellen; etw. aneinanderreihen	3
s'aligner	sich aufstellen, in einer Reihe stehen	
alimenter qn (de qc)	jdn ernähren, mit etw. versorgen	3
alimenter qc	einer Sache Nahrung geben	
*s'alimenter de qc	sich von etw. ernähren	
allaiter qn	jdn stillen	3
allécher qn	jdn anlocken, ködern	11
alléger qn/qc	jdn/etw. erleichtern, leichter machen	13
aller	gehen, fahren	23
aller à qn	jdm stehen	
aller chercher qc	etw. holen	
aller chercher qn	jdn abholen	
aller faire qc	etw. tun werden	
aller voir qn	jdn besuchen	
*s'en aller	weggehen	
allier qc à qc	etw. mit etw. verbinden	5
*s'allier à qn	sich mit jdm verbünden	
allonger qc	etw. verlängern	13
*s'allonger	länger werden; sich ausstrecken, hinlegen	
allumer qc	etw. einschalten, etw. anzünden	3
*s'alourdir	schwer(er) werden	22
alphabétiser qn	jdn alphabetisieren	3
alterner	abwechseln, alternieren	3
amasser qc	etw. anhäufen	3
*s'amasser	sich drängen, sich häufen	
améliorer qc	etw. verbessern	3
*s'améliorer	sich (ver)bessern	
aménager qc	etw. einrichten, gestalten, ausstatten	13
amener qn	jdn mitbringen	8
amener qn à/chez qn	jdn zu jdm bringen	
amener qn à faire qc	jdn dazu bringen, etw. zu tun	
amnistier qn	jdn amnestieren	3
amplifier qc	etw. vergrößern, verstärken	3
*s'amplifier	sich ausweiten, zunehmen	

amuser – approvisionner

amuser qn	jdn amüsieren	3
*s'amuser	sich amüsieren	
*s'amuser de qn	sich über jdn lustig machen	
*s'amuser à faire qc	Spaß daran haben, etw. zu tun	
analyser qn/qc	jdn/etw. analysieren	3
ancrer qc	etw. (ver)ankern	3
anéantir qn/qc	jdn/etw. vernichten	3
angoisser qn	jdn ängstigen, jdm Angst machen	3
animer qc	etw. leiten; etw. beleben, mit Leben erfüllen	3
*s'animer	sich beleben, lebhaft werden	
annexer qc	etw. annektieren; beifügen	3
annoncer qn/qc	jdn/etw. ankündigen	12
annoter qc	etw. annotieren, anmerken	3
annuler qc	etw. rückgängig machen, annullieren	3
anticiper qc	etw. vorgreifen, vorwegnehmen	3
apaiser qn/qc	jdn beruhigen, besänftigen; etw. lindern, zerstreuen	3
*s'apaiser	sich beruhigen	
apercevoir qn/qc	jdn/etw. flüchtig wahrnehmen, bemerken	73
*s'apercevoir de qn/qc	jdn/etw. bemerken	
apitoyer qn	das Mitleid von jdm erregen	
*s'apitoyer sur qn/qc	jdn/etw. bemitleiden	
***apparaître**	(plötzlich) erscheinen, auftauchen	46
appartenir à qn/qc	zu jdm/etw. gehören; etw. angehören	65
appauvrir qn/qc	jdn arm machen; etw. verarmen, verkümmern lassen	22
*s'appauvrir	verarmen	
appeler (qn)	(jdn) (an)rufen	9
*s'appeler	heißen	
applaudir qn	jdm Beifall klatschen	22
appliquer qc	etw. anwenden, ausführen, befolgen	3
*s'appliquer à (faire) qc	sich bei etw. Mühe geben; sich Mühe geben, etw. zu tun	
apporter qc à qn	jdm etw. (mit)bringen	3
apprécier qn/qc	jdn/etw. schätzen	5
appréhender qn/qc	jdn festnehmen; vor etw. Angst haben	3
apppréhender de faire qc	Angst haben, etw. zu tun	
apprendre qc	etw. lernen	49
apprendre qc à qn	jdn etw. lehren, jdm etw. beibringen	
apprendre à qn à faire qc	jdm beibringen, etw. zu tun	
apprendre qc sur qn	etw. über jdn erfahren/lernen	
***s'apprêter** à faire qc	Vorbereitungen treffen, etw. zu tun	3
apprivoiser qn/qc	jdn/etw. zähmen	3
approcher	näherkommen, näherrücken	3
approcher qn	sich jdm nähern	
*s'approcher de qn/de qc	sich jdm/einer Sache nähern	
approfondir qc	etw. vertiefen	22
***s'approprier** qc	sich etw. (unrechtmäßig) aneignen	5
approuver qn/qc	jdm zustimmen; etw. billigen	3
approvisionner qc	etw. beliefern, versorgen	3
*s'approvisionner en qc.	sich mit etw. versorgen	

appuyer – attacher

appuyer	drücken	16
appuyer sur qc	auf etw. drücken	
appuyer qc sur qc	etw. an etw. lehnen, drücken, stützen	
*s'appuyer sur qn	sich auf jdn stützen, sich auf jdn verlassen	
*s'appuyer contre qn/qc	sich an jdn/etw. (an)lehnen	
archiver qc	etw. archivieren	3
argumenter	argumentieren	3
armer qn/qc	jdn/etw. bewaffnen	3
arracher qc	etw. herausreißen, herausziehen	3
arranger qc	etw. anordnen, einrichten	13
*s'arranger	sich regeln, wieder in Ordnung kommen	
arrêter	aufhören	3
arrêter qn	jdn anhalten; jdn festnehmen	
arrêter qc	mit etw. aufhören	
arrêter de faire qc	aufhören, etw. zu tun	
*s'arrêter	aufhören; stehen bleiben	
*s'arrêter de faire qc	aufhören, etw. zu tun	
arriver	(an)kommen	3
arriver à qc	etw. erreichen	
arriver à qn	jdm passieren	
arriver à faire qc	es schaffen, etw. zu tun	
arrondir qc	etw. abrunden	22
arroser qc	etw. (be)gießen	3
articuler qc	etw. hervorbringen, äußern	3
aspirer qc	etw. einatmen	3
aspirer à	streben nach	
assainir qc	etw. sanieren	22
assassiner qn	jdn ermorden	3
assembler qc	etw. zusammensetzen, zusammenbauen	3
*s'assembler	sich versammeln	
***s'ass(e)oir**	sich setzen	67
être assis,e	sitzen	
assiéger qc	etw. belagern	11
assimiler qn/qc à qn/qc	jdn/etw. an jdn/etw. angleichen	3
*s'assimiler à qn/qc	sich mit jdm identifizieren, sich an etw. anpassen	
assister qn	jdn unterstützen	3
assister à qc	an etw. teilnehmen, etw. miterleben	
associer qn à qc	jdn an etw. teilhaben lassen, beteiligen	5
associer qc à/ avec qc	etw. mit etw. verbinden	
*s'accocier à qn	sich jdm anschließen	
assombrir	verdüstern; verschlechtern	22
*s'assombrir	sich verfinstern	
assommer qn/qc	jdn/etw. totschlagen, bewusstlos schlagen	3
assoupir qc	etw. trüben, schwächen, lindern	22
*s'assoupir	dösen, einschlafen	
assumer qc	etw. übernehmen, auf sich nehmen	3
assurer	versichern	3
assurer qn/qc	jdn/etw. versichern	
assurer qc	etw. sichern, garantieren	
assurer qn de qc	jdn einer Sache versichern	
*s'assurer de qc/que	sich einer Sache vergewissern/sich vergewissern, dass	
attacher qc	etw. festmachen, anbinden	3
*s'attacher	sich anschnallen	
*s'attacher à qn	jdn lieb gewinnen	

attaquer – baigner

attaquer qn/qc	jdn/etw. angreifen	3
*s'attaquer à qn/qc	jdn/etw. angreifen	
*s'attaquer à qc	etw. in Angriff nehmen	
***s'attarder**	sich verspäten	3
atteindre qn/qc	jdn/etw. erreichen	47
attendre qn/qc	auf jdn/etw. warten, jdn/etw. erwarten	17
*s'attendre à qc	sich auf etw. gefasst machen	
attendrir qn	jdn rühren, weich stimmen	22
*s'attendrir	weich werden, gerührt sein	
atténuer qc	etw. abschwächen, lindern	3
*s'atténuer	nachlassen, sich abschwächen	
atterir	landen	22
attester qc	etw. bezeugen, bescheinigen	3
attirer qn/qc	jdn/etw. anziehen, herbeilocken	3
attraper qn/qc	jdn/etw. (ein)fangen, jdn/etw. erwischen	3
attribuer qc à qn/à qc	jdm/einer Sache etw. zuschreiben	3
*s'attribuer qc	sich etw. zuschreiben, etw. in Anspruch nehmen	
attrister qn	jdn traurig machen	3
augmenter (qc)	steigen; etw. erhöhen	3
augmenter de	steigen/wachsen um	
ausculter qn	jdn abhorchen	3
authentifier qc	etw. beglaubigen	5
automatiser qc	etw. automatisieren	3
autoriser qn/qc	jdn ermächtigen; etw. genehmigen	3
autoriser qn à faire qc	jdm erlauben, etw. zu tun	
avaler qc	etw. (hinunter)schlucken	3
avancer	vorwärtskommen	12
avancer qc	etw. vorverlegen, vorstellen (Uhr)	
*s'avancer	weitergehen, vorankommen; sich vorwagen	
avantager qn	jdn bevorzugen, begünstigen	13
***s'aventurer** à faire qc	sich wagen, etw. zu tun	3
***s'avérer**	sich als wahr erweisen, herausstellen	11
avertir qn de qc	jdn von etw. benachrichtigen, über etw. informieren, vor etw. warnen	22
aveugler qn	jdn blenden	3
aviser qn (de qc)	jdn (von etw.) benachrichtigen	3
==**avoir**==	haben	1
avoisiner qc	an etw. angrenzen	3
avorter	eine Fehlgeburt haben; abtreiben	3
avouer qc	etw. zugeben, etw. gestehen	3

B

bafouiller *fam.*	stammeln, stottern	3
bagarrer *fam.*	kämpfen	3
*se bagarrer *fam.*	sich streiten	
baigner qn	jdn baden	3
*se baigner	baden	

bâiller – bouffer

bâiller	gähnen	3
baiser qn *fam.*	mit jdm schlafen	3
baisser	sinken, fallen, zurückgehen	3
*se baisser	sich bücken, sich ducken	
balader avec qn *fam.*	mit jdm spazieren gehen	3
*se balader	spazieren gehen	
balancer	schwanken; schaukeln	12
balayer (qc)	fegen, etw. zusammenfegen	14
balbutier	stammeln, stottern	5
banaliser qc	etw. banalisieren	3
bannir qn	jdn verbannen	22
baptiser qn	jdn taufen	3
barrer qc	etw. (ab-/ver)sperren; etw. durchstreichen	3
barricader qc	etw. versperren	3
*se barricader	sich einschließen	
basculer	schwanken	3
baser sur	gründen, basieren auf	3
*se baser sur	sich gründen auf	
bâtir qc	etw. bauen	22
battre (qn)	kämpfen; jdn schlagen	25
*se battre	kämpfen, sich schlagen	
bavarder	schwätzen	3
baver	sabbern	3
bégayer	stottern, stammeln	14
bénéficier de qc	von etw. profitieren, etw. genießen	5
bénir qn/qc	jdn segnen; jdn/etw. preisen	22

bercer (qn)	schaukeln; jdn wiegen	12
betonner qc	etw. betonnieren	3
beurrer qc	etw. mit Butter bestreichen	3
bifurquer	sich gabeln, abzweigen	3
blâmer qn	jdn tadeln	3
blanchir qc	etw. weißen; reinwaschen; blanchieren	22
blasphémer (qn)	lästern, fluchen; jdn verfluchen	11
blesser qn	jdn verletzen	3
*se blesser	sich verletzen	
blondir les cheveux	die Haare blondieren	22
bloquer qc	etw. blockieren	3
boire (qc)	(etw.) trinken	26
boîter	hinken	3
bombarder qn/qc	jdn/etw. bombardieren	3
bondir	(hoch)springen	22
border qc	etw. einfassen, säumen	3
borner qc	etw. begrenzen	3
*se borner à qc	sich mit etw. begnügen	
*se borner à faire qc	sich darauf beschränken, etw. zu tun	
bosser *fam.*	schuften	3
boucher qc	etw. zumachen, schließen	3
bouder	schlechte Laune haben, schmollen	3
bouffer *fam.*	essen	3

bouger – capituler

bouger	sich bewegen	13
bouger qc	etw. bewegen, umstellen	
bouillir (qc)	(etw.) kochen; etw. zum Kochen bringen	18
bouleverser qn/qc	jdn erschüttern; etw. umstürzen, in Unordnung bringen	3
bouquiner (un livre) *fam.*	(in einem Buch) schmökern	3
bourdonner	leise singen, summen; brummen	3
bourgeonner	Knospen treiben; Pickel bekommen	3
bourrer (qc)	(etw. voll) stopfen, sättigen	3
*se bourrer de qc	sich mit etw. voll stopfen	
bousculer qn/qc	jdn anrempeln; etw. umwerfen	3
*se bousculer	sich drängeln	
boutonner (qc)	etw. zuknöpfen; pickelig werden	3
boycotter qn/qc	jdn/etw. boykottieren	3
branler	wackeln, wanken	3
bricoler (qc)	(etw.) basteln	3
briller	glänzen, strahlen	3
briser qc	etw. zerbrechen	3
broder (qc)	(etw. be-)sticken	3
bronzer	braun werden	3
*se bronzer	sich bräunen	
brosser qn/qc	jdn/etw. abbürsten; etw. zeichnen, schildern	3
*se brosser (qc)	sich abbürsten; sich etw. bürsten, putzen	

brûler (qc)	(etw.) (ver)brennen; anbrennen	3
*se brûler (qc)	sich (etw.) verbrennen	
brunir qc	etw. braun färben; nachdunkeln	22
brutaliser qn	jdn misshandeln	3

C

câbler qc	etw. verkabeln	3
cacher qn/qc	jdn/etw. verstecken	3
*se cacher	sich verstecken	
cacheter qc	etw. versiegeln, zukleben	10
cajoler qn	jdn liebkosen	3
calculer qc	etw. berechnen, prüfen, kalkulieren	3
calibrer qc	etw. eichen, kalibrieren	3
calligraphier qc	etw. in Schönschrift schreiben	5
calmer qn/qc	jdn beruhigen; etw. lindern	3
*se calmer	ruhig werden, sich beruhigen	
calomnier qn	jdn verleumden	5
cambrioler qc	in etw. einbrechen	3
*se camer *fam.*	Rauschgift nehmen	3
camoufler qc	etw. tarnen, verbergen	3
camper	campen, zelten	3
canaliser qc	etw. kanalisieren	3
canoniser qn	jdn heilig sprechen	3
canoter	Boot fahren	3
capituler devant qn/qc	vor jdm/etw. kapitulieren	3

captiver – chier

captiver qn	jdn fesseln, faszinieren	3
caractériser qn/qc	jdn/etw. charakterisieren, kennzeichnen	3
*se caractériser par qc	sich durch etw. auszeichnen	
caresser qn/qc	jdn/etw. streicheln	3
caricaturer qn/qc	jdn karikieren; etw. verdrehen	3
caser qn/qc	jdn/etw. unterbringen	3
se caser	unterkommen	
casser	kaputtgehen	3
casser qc	etw. kaputt machen	
*se casser	zerbrechen, kaputtgehen	
*se casser *fam.*	abhauen	
*se casser qc	sich etw. brechen	
cataloguer qc	etw. katalogisieren	3
catalyser qc	etw. katalysieren	3
causer (avec qn)	(mit jdm) plaudern	3
causer qc	etw. verursachen	
céder	nachgeben, weichen	11
céder qc à qn	jdm etw. überlassen, abgeben	
célébrer qc	etw. feiern	11
censurer qc	etw. verbieten, zensieren	3
centraliser qc	etw. zentralisieren	3
cerner qn/qc	jdn/etw. einkreisen, umstellen; etw. umreißen, skizzieren	3
certifier qc	etw. bescheinigen	5
cesser (qc)	(mit etw.) aufhören	3
ne (pas) cesser de faire qc	(nicht) damit aufhören, etw. zu tun	
chagriner qn	jdn kränken, jdm Kummer machen	3
chahuter (qn)	Krach machen; jdn fertig machen	3
chanceler	schwanken	9
changer	sich verändern; umsteigen	13
changer qn/qc	jdn/etw. (ver)ändern; etw. wechseln (Geld)	
changer de qc	etw. wechseln	
chanter (qc)	(etw.) singen	3
chantonner (qc)	(etw. vor)summen	3
charger qc	etw. (ein)laden	13
charger qn de qc	jdn mit etw. beauftragen, belasten	
*se charger de qn/qc	sich um jdn/etw. kümmern	
charmer qn	jdn bezaubern, entzücken	3
chasser qn/qc	jdn/etw. jagen	3
chatouiller qn	jdn kitzeln	3
chatter (avec qn)	(mit jdm) chatten	3
chauffer	warm/heiß werden, sich erwärmen	3
chauffer qc	etw. warm/heiß machen, heizen	
*se chauffer	sich (auf)wärmen	
chausser qc	(Schuhe) anziehen	3
chausser du …	Schuhgröße … haben	
*se chausser	(sich) Schuhe anziehen	
chavirer	kentern	3
chercher qn/qc	jdn/etw. suchen	3
chercher à faire qc	versuchen, etw. zu tun	
chialer *fam.*	heulen	3
chicaner qn	jdn schikanieren, maßregeln	3
chicaner sur qc	wegen etw. streiten	
*se chicaner *fam.*	miteinander im Clinch liegen	
chier *fam.*	scheißen	5

chiffrer – colorier

chiffrer qc	etw. beziffern, nummerieren	3
chiper *fam.*	klauen	3
choisir (qn/qc)	(jdn/etw.) wählen, aussuchen	22
choisir de faire qc	wählen, etw. zu tun	
chômer	arbeitslos sein	3
choquer qn	jdn verletzen, schockieren	3
christianiser qn	jdn zum Christentum bekehren	3
chronométrer qn/qc	jdn/etw. stoppen	11
chuchoter (qc à l'oreille de qn)	(jdm etw. ins Ohr) flüstern	3
chuter *fam.*	stürzen, fallen; durchfallen	3
cicatriser	vernarben, verheilen	3
cimenter qc	etw. zementieren	3
circoncire qn	jdn beschneiden	53
circuler	verkehren, fahren, strömen	3
citer qn/qc	jdn/etw. zitieren	3
cirer qc	etw. polieren, bohnern, wachsen	3
citer qn/qc	jdn/etw. zitieren	3
civiliser qn *se civiliser	jdn zivilisieren sich zivilisieren	3
claquer	klatschen; knallen	3
clarifier qc *se clarifier	etw. (ab)klären sich klären	5
classer qn/qc	jdn/etw. einordnen	3
classifier qn/qc	jdn/etw. klassifizieren	5
clignoter	blinken	3
climatiser qc	etw. klimatisieren	3
cliquer cliquer sur qc	klicken auf etw. klicken	3
cloner qn/qc	jdn/etw. klonen	3
clouer qc	etw. an-/zunageln	3
coaliser *se coaliser	verbünden, koalieren sich verbünden	3
cocher qc	etw. abhaken	3
coder qc	etw. verschlüsseln, kodieren	3
coexister	nebeneinander bestehen	3
cogner qn/qc *se cogner qc contre qc	an jdn/etw. stoßen sich etw. an etw. stoßen	3
cohabiter	zusammenleben, wohnen	3
coiffer qn *se coiffer	jdn frisieren sich frisieren	3
coincer coincer qn/qc	klemmen jdn/etw. einklemmen, blockieren	12
coïncider	zusammenfallen, gleichzeitig passieren	3
collaborer collaborer à qc	zusammenarbeiten an etw. mitarbeiten	3
collectionner qc	etw. sammeln	3
coller (qc) *se coller à qn/qc	(etw. an)kleben sich an jdn schmiegen; sich gegen etw. drücken	3
coloniser qn/qc	jdn/etw. kolonisieren	3
colorer qc *se colorer	etw. färben sich färben	3
colorier qc	etw. kolorieren, ausmalen	5

colporter – concourir

colporter qc	etw. weiterverbreiten	3
combattre (qn/qc)	(jdn/etw. be)kämpfen	25
combiner qc	etw. kombinieren, verbinden	3
combler qn/qc	jdn überglücklich machen; etw. auffüllen, zuschütten	3
combler qn de qc	jdn mit etw. überhäufen	
commander (qc)	(etw.) bestellen; befehlen	3
commémorer qc	einer Sache gedenken	3
commencer (qc)	(etw.) anfangen, beginnen	12
commencer à/de faire qc	anfangen, etw. zu tun	
commencer par (faire) qc	mit etw. beginnen, mit etw. anfangen; erst einmal etw. tun	
commenter qc	etw. kommentieren	3
commercialiser qc	etw. vermarkten	3
commettre qc	etw. begehen (Fehler, Verbrechen etc.)	43
communiquer qc à qn	jdm etw. mitteilen	3
communiquer avec qn	mit jdm kommunizieren	
comparer (qn/qc à/avec qn/qc)	(jdn/etw. mit jdm/etw.) vergleichen	3
*se comparer à/avec qn	sich mit jdm vergleichen	
compatir à qc	an etw. Anteil nehmen, mit etw. mitfühlen	22
compenser qc par qc	etw. durch etw. ausgleichen, kompensieren	3
***se complaire** à faire qc	Gefallen daran finden, etw. zu tun	48
compléter qc	etw. vervollständigen	11
compliquer qc	etw. komplizieren, erschweren	3
*se compliquer	komplizierter werden, verschlimmern	
comporter qc	aus etw. bestehen, etw. umfassen	3
*se comporter	sich verhalten, sich benehmen	
composer qc	etw. zusammenstellen; verfassen, wählen (Telefonnummer)	3
*se composer de qc	aus etw. bestehen	
composter qc	etw. düngen; (Fahrkarte) entwerten	3
comprendre (qn/qc)	(jdn/etw.) verstehen	49
*se comprendre	sich (gut) verstehen	
compromettre qn	jdn bloßstellen	43
comptabiliser qc	etw. verbuchen	3
compter qc	etw. zählen	3
compter faire qc	beabsichtigen, etw. zu tun	
compter sur qn	sich auf jdn verlassen	
concéder qc	etw. einräumen, bewilligen	11
concentrer qc	etw. konzentrieren	3
*se concentrer (sur qn/qc)	sich (auf jdn/etw.) konzentrieren	
concerner qn/qc	jdn/etw. betreffen	3
concevoir qc	etw. entwerfen, konzipieren	73
concilier qn/qc	jdn. aussöhnen, etw. in Einklang bringen	5
conclure (qc)	folgern; etw. (ab-)schließen (Vertrag)	27
conclure qc de qc	etw. aus etw. folgern	
concorder	übereinstimmen	3
concourir	konkurrieren	58
concourir à qc	zu etw. beitragen; an etw. teilnehmen	

concrétiser – consommer

concrétiser qc	etw. veranschaulichen	3
condamner qn à (faire) qc	jdn zu etw. verurteilen; jdn dazu zwingen, etw. zu tun	3
condenser qc	etw. kondensieren; etw. verdichten, straffen	3
conditionner qc	etw. verpacken; etw. bedingen, zur Folge haben	3
conduire (qn/qc)	(jdn/etw.) fahren, lenken; jdn/etw. führen	28
se conduire	sich benehmen	
confectionner qc	etw. zubereiten, anfertigen, herstellen	3
confesser qc	etw. beichten, bekennen, gestehen	3
*se confesser à qn	bei jdm beichten, sich jdm anvertrauen	
confier qc à qn	jdm etw. anvertrauen, mitteilen	5
*se confier à qn	sich jdm anvertrauen	
confirmer qn/qc	jdn/etw. bestätigen	3
*se confirmer	sich bestätigen, sich bewahrheiten	
confisquer qc	etw. beschlagnahmen, abnehmen	3
confluer	zusammenfließen, -treffen, -strömen	3
confondre qc	etw. verwechseln, durcheinanderbringen	17
conformer qc à qc	etw. einer Sache anpassen	3
confronter qn/qc avec	jdn/etw. konfrontieren, gegenüberstellen mit	3
congédier qn	jdn entlassen, kündigen	5
congeler qc	etw. zum Gefrieren bringen, einfrieren	7
*se congeler	gefrieren	
conjuguer qc	etw. konjugieren	3
*se conjuguer	konjugiert werden	
conjurer qn/qc	jdn beschwören; etw. abwenden	3
connaître qn/qc	jdn/etw. kennen (lernen)	29
*s'y connaître	sich in etw. auskennen	
connecter qn/qc	jdn/etw. verbinden	3
*se connecter	sich einloggen	
conquérir qn/qc	jdn/etw. erobern	57
consacrer qc	etw. widmen	3
*se consacrer à qn/qc	sich jdm/einer Sache voll und ganz widmen	
conseiller qn	jdn beraten	3
conseiller qc à qn	jdm etw. raten	
conseiller à qn de faire qc	jdm raten, etw. zu tun	
consentir à qn/qc	jdm/einer Sache zustimmen	19
consentir qc à qn	jdm etw. gewähren	
consentir à faire qc	zustimmen, etw. zu tun	
conserver qc	etw. aufbewahren; erhalten, bewahren	3
*se conserver	sich halten (Lebensmittel)	
considérer qc	etw. bedenken, erwägen	11
considérer qn/qc + adj. / comme + nom	jdn/etw. betrachten als, jdn/etw. halten für	
consister en qc	aus etw. bestehen	3
consister à faire qc	darin bestehen, etw. zu tun	
consoler qn	jdn trösten	3
*se consoler	sich trösten	
consolider qc	etw. befestigen, sichern	3
*se consolider	sich behaupten, sich festigen	
consommer qc	etw. verbrauchen, konsumieren	3

conspirer – correspondre

conspirer (contre qn/qc)	sich (gegen jdn/etw.) verschwören	3
constater qc	etw. feststellen	3
consterner qn	jdn bestürzen, betroffen machen	3
constituer qc	etw. darstellen; etw. gründen	3
*se constituer	sich bilden, sich zusammenschließen	
construire qc	etw. bauen	30
consulter qn	jdn um Rat fragen, jdn (z. B. einen Arzt) aufsuchen	3
*se consulter	sich beraten	
contacter qn/qc	jdn/etw. kontaktieren, mit jdm/etw. Kontakt aufnehmen	3
contagionner qn	jdn anstecken	3
contaminer qn/qc	jdn/etw. vergiften, infizieren	3
contenir qc	etw. enthalten	65
***se contenter** de (faire) qc	sich mit etw. begnügen; sich damit begnügen, etw. zu tun	3
conter qc	etw. erzählen	3
contester qc	etw. bestreiten	3
continuer (qc)	weitergehen; (etw.) weitermachen, fortfahren	3
continuer à/de faire qc	fortfahren, etw. zu tun	
contraindre qn (à qc)	jdn (zu etw.) zwingen	33
contraindre qn à faire qc	jdn zwingen, etw. zu tun	
*se contraindre à (faire) qc	sich zu etw. zwingen, sich zwingen, etw. zu tun	
contrarier qn	jdn ärgern, (be)hindern	5
contraster avec qc	einen Kontrast/starken Gegensatz zu etw. bilden	3
contredire qn/qc	jdm/einer Sache widersprechen	36
*se contredire	sich widersprechen	
contresigner qc	etw. gegenzeichnen	3
contribuer à (faire) qc	zu etw. beitragen; beitragen, etw. zu tun	3
contrôler qn/qc	jdn/etw. kontrollieren	3
*se contrôler	sich beherrschen	
convaincre qn	jdn überzeugen	31
convaincre qn de (faire) qc	jdn von etw. überzeugen; jdn überreden, etw. zu tun	
*se convaincre de qc	sich von etw. überzeugen	
convenir à qn/qc	zu jdm/etw. passen	66
convenir de (faire) qc	etw. vereinbaren; sich einigen, etw. zu tun	
converser	sich unterhalten	3
convertir qn/qc	jdn. bekehren; etw. umwandeln, umrechnen	22
*se convertir à	übertreten zu	
convier qn à (faire) qc	jdn zu etw. einladen; jdm nahelegen, etw. zu tun	5
convoquer qn	jdn bestellen, jdn kommen lassen	3
coopérer avec qn/qc	mit jdm/etw. zusammenarbeiten	11
coordonner qc	etw. koordinieren	3
copier qc	etw. kopieren, etw. abschreiben	5
copier sur qn	von jdm abschreiben	
correspondre à qc	einer Sache entsprechen	17
correspondre avec qn	mit jdm schriftlich verkehren	
*se correspondre	sich entsprechen	

99

corriger – cumuler

corriger qn/qc	jdn/etw. korrigieren	13
*se corriger	sich (ver)bessern	
corrompre qn/qc	jdn/etw. verderben; jdn bestechen	52
costumer qn	jdn verkleiden	3
*se costumer (en)	sich verkleiden (als)	
cotiser (à qc)	(eine feste Summe, Beträge für etw.) zahlen	3
coucher (qn)	schlafen; jdn ins Bett bringen	3
*se coucher	ins Bett gehen, sich schlafen legen	
coudre (qc)	nähen; etw. zusammennähen, flicken	32
couler	fließen, rinnen, strömen, tropfen	3
couper (qc)	(etw.) schneiden; unterbrechen (die Verbindung etc.)	3
*se couper	sich schneiden	
courir	laufen, rennen	58
couronner qn/qc	jdn krönen; etw. auszeichnen, schmücken	3
coûter (qc)	(etw.) kosten	3
couvrir qn/qc	jdn/etw. abdecken, bedecken, zudecken	64
*se couvrir	sich anziehen; sich bewölken	
cracher (qc)	(etw. aus)spucken	3
craindre qn/qc	jdn/etw. fürchten	33
craindre de faire qc	sich fürchten, etw. zu tun	
craquer	knacken, knarren, knirschen	3
craquer *fam.*	ausflippen, die Nerven verlieren	
craquer pour *fam.*	schwach werden für	
créer (qc)	schöpferisch tätig sein; etw. schaffen, kreieren; etw. gründen	4
creuser qc	etw. (aus)graben	3
*se creuser la tête	sich den Kopf zerbrechen	
crever	platzen	8
crever de *fam.*	umkommen vor, krepieren an	
crier	schreien	5
crier qc à qn	jdm etw. zurufen	
criminaliser qn	jdn kriminalisieren	3
***se crisper**	sich verkrampfen	3
critiquer qn/qc	jdn/etw. kritisieren	3
croire	glauben, gläubig sein	34
croire (à) qc	(an) etw. glauben	
croire qn	jdm glauben	
croire en qn	an jdn glauben, jdm vertrauen	
croire qn + *nom/adj.*	jdn halten für	
croiser qn/qc	etw. kreuzen, jdm/etw. begegnen	3
*se croiser	sich kreuzen, sich treffen	
croître	wachsen, zunehmen	35
cueillir qc	etw. pflücken	59
cuire (qc)	(etw.) kochen, backen	45
cuisiner (qc)	(etw.) kochen	3
culminer	den Höhepunkt erreichen	3
culpabiliser qn	bei jdm Schuldgefühle wecken; jdn für schuldig erklären	3
*se culpabiliser	sich schuldig fühlen	
cultiver qc	etw. anbauen; etw. kultivieren	3
*se cultiver	sich (weiter)bilden	
cumuler qc	etw. anhäufen, kumulieren	3

damner – déconcerter

D

damner qn/qc	jdn/etw. verdammen	3
danser	tanzen	3
dater qc	etw. datieren, mit einem Datum versehen	3
dater de	stammen aus, datieren von	
débarquer	von Bord gehen, an Land gehen; landen	3
débarrasser qc	etw. räumen, abdecken, entrümpeln	3
débarrasser qn de qc	jdn von etw. befreien	
*se débarrasser de qc/de qn	sich von etw./jdm befreien, sich etw./jdn vom Halse schaffen	
débattre qc	über etwas debattieren, diskutieren	25
débattre de qc	über etw. verhandeln	
déborder	über die Ufer treten, überlaufen	3
déborder de	überschäumen vor	
déboussoler qn *fam.*	jdn aus der Fassung bringen	3
déboutonner qc	etw. aufknöpfen	3
*se déboutonner	aufgehen	
débrouiller qc	etw. entwirren, klären	3
*se débrouiller	zurechtkommen, sich zu helfen wissen	
débuter (qc)	(etw.) anfangen, beginnen	3
décapiter qn/qc	jdn enthaupten; etw. führerlos machen	3
décapsuler une bouteille	eine Flasche öffnen, aufmachen	3
***décéder**	versterben	11
déceler qc	etw. entdecken, enthüllen	7
décentraliser qc	etw. dezentralisieren	3
*se décentraliser	dezentralisiert werden	
décevoir qn	jdn enttäuschen	73
décharger qn (de qc)/qc	jdn entlasten, jdm etw. abnehmen; etw. entladen	13
déchausser qn	jdm die Schuhe ausziehen	3
*se déchausser	sich die Schuhe ausziehen	
déchiffrer qc	etw. entziffern	3
déchirer qc	etw. zerreißen	3
*se déchirer	(auf)reißen	
décider qc	etw. entscheiden	3
décider de faire qc	beschließen, etw. zu tun	
*se décider à faire qc	sich entschließen, etw. zu tun	
déclamer qc	etw. deklamieren, (kunstgerecht) vortragen	3
déclarer qc à qn	jdm etw. erklären	3
déclasser qn	jdn herabsetzen, deklassieren	3
déclencher qc	etw. auslösen; beginnen	3
*se déclencher	losgehen, ausbrechen	
décoder qc	etw. entschlüsseln	3
décoiffer qn	die Haare von jdm in Unordnung bringen	3
décoller	abheben (Flugzeug)	3
décoller qc	etw. los-/ablösen	
décoloniser qc	etw. entkolonisieren (ein Land)	3
décolorer qc	etw. entfärben, bleichen, aufhellen	3
déconcerter qn	jdn aus der Fassung bringen	3

décongeler – déguiser

décongeler qc	etw. auftauen	7
déconnecter qc	etw. abschalten, unterbrechen	3
*se déconnecter	sich ausloggen	
déconseiller qc à qn	jdm von etw. abraten	3
déconseiller à qn de faire qc	jdm davon abraten, etw. zu tun	
déconsidérer qn	jdn in Misskredit/Verruf bringen	11
décontaminer qn/qc	jdn/etw. reinigen, entgiften	3
***se décontracter**	sich entspannen	3
décorer qc	etw. verzieren	3
décorer qn (de qc)	jdn (mit etw.) auszeichnen	
découper qc	etw. zerlegen, in Stücke schneiden; etw. ausschneiden	3
décourager qn	jdn entmutigen	13
*se décourager	den Mut verlieren	
découvrir qc	etw. entdecken	60
décréter qc	etw. verordnen, verfügen	11
décrire qn/qc	jdn/etw. beschreiben	38
décrocher	den Hörer abnehmen	3
décrocher qc *fam.*	etw. kriegen/ergattern	
décrypter qc	etw. entziffern, entschlüsseln	3
dédicacer qc	etw. mit einer Widmung versehen	12
dédicacer un livre à qn	jdm ein Buch widmen	
dédier qc (à qn)	etw. weihen; jdm etw. widmen	5
dédommager qn de qc	jdn für etw. entschädigen	13

déduire	schließen, ableiten, folgern	28
*se déduire de qc	sich von etw. herleiten lassen	
dédramatiser qc	etw. entdramatisieren	3
défaire qc	etw. ab-, aufmachen, auspacken	39
*se défaire de qn	jdn loswerden	
défavoriser qn	jdn benachteiligen	3
défendre qn (contre qn/qc)	jdn verteidigen (gegen jdn/etw.)	17
défendre qc à qn	jdm etw. verbieten	
défendre à qn de faire qc	jdm verbieten, etw. zu tun	
*se défendre (contre)	sich verteidigen (gegen)	
défier qn/qc	jdn herausfordern; einer Sache trotzen	5
défigurer qc	etw. verunstalten	3
défiler	vorbeimarschieren, defilieren	3
définir qc	etw. definieren	22
déformer qc	etw. verformen, verunstalten	3
dégager qc	etw. freimachen; herausarbeiten	13
dégeler (qc)	(etw.) (auf)tauen	7
dégoûter qn (de qc)	jdn anekeln, anwidern; jdm etw. verderben, vermiesen	3
dégrader qn/qc	jdn degradieren, erniedrigen; etw. verschlechtern, zerstören	3
dégriser qn	jdn nüchtern machen; ernüchtern	3
*se dégriser	nüchtern werden	
déguiser qn	jdn verkleiden	3
*se déguiser (en)	sich verkleiden (als)	

déguster – déprécier

déguster qc	etw. probieren, kosten	3
déjeuner	zu Mittag essen	3
délacer qc	etw. aufschnüren	12
délaisser qn/qc	jdn/etw. im Stich lassen, aufgeben	3
déléguer qn/qc	jdn/etw. delegieren	11
délibérer de/sur qc	über etw. beratschlagen	11
délivrer qn	jdn befreien	3
demander qc à qn demander qc demander à faire qc demander à qn de faire qc	jdn (nach) etw. fragen etw. verlangen, erfordern darum bitten, etw. zu tun jdn bitten, etw. zu tun	3
***se démaquiller**	sich abschminken	3
démarrer (qc)	anfahren; etw. starten	3
démasquer qn	jdn demaskieren, entlarven	3
déménager	aus-/umziehen	13
démentir qn/qc	jdm (offiziell) widersprechen; etw. widerlegen	19
demeurer	wohnen; bleiben	3
démissionner	zurücktreten	3
démocratiser qc	etw. (ein Land) demokratisieren	3
démolir qc	etw. zerstören	22
démonter qn/qc	jdn aus der Fassung bringen; etw. demontieren, zerlegen	3
démontrer qc	etw. beweisen	3
démoraliser qn	jdn demoralisieren, entmutigen	3
démotiver qn	jdn demotivieren	3
dénaturer qc	etw. verfälschen, verändern	3
dénier qc	etw. abstreiten, leugnen	5
dénoncer qn/qc	jdn anzeigen, denunzieren; etw. anprangern	12
dénouer qc	etw. aufknöpfen; etw. aufklären, lösen	3
dénuder qc *se dénuder	etw. entblößen sich entblößen	3
dépasser qn/qc	jdn/etw. überholen; etw. überschreiten	3
***se dépêcher** (de faire qc)	sich beeilen (etw. zu tun)	3
dépendre de qn/qc	von jdm/etw. abhängen	17
dépenser qc	etw. ausgeben	3
dépeupler qc *se dépeupler	etw. entvölkern zurückgehen (Bevölkerung)	3
déplacer qn/qc *se déplacer	jdn versetzen, umsiedeln; etw. verschieben, etw. an einen anderen Platz legen sich fortbewegen	12
déplaire à qn	jdm missfallen	48
déplier qc *se déplier	etw. auseinanderfalten sich öffnen, sich entfalten	5
déplorer qc	etw. bedauern	3
déposer qn/qc	jdn absetzen; etw. abstellen, hinterlegen	3
déposséder qn	jdn enteignen	11
déprécier qn/qc se déprécier	jdn herabsetzen; etw. abwerten an Wert verlieren	5

déprimer – desservir

déprimer qn	jdn deprimieren	3
dérailler	entgleisen; Unsinn reden	3
déranger qn/qc	jdn stören; etw. in Unordnung bringen	13
déraper	ins Schleudern geraten	3
dériver	abgetrieben werden	3
dériver de	ableiten von	
dérober qc à qn	jdm etw. stehlen	3
*se dérober à qc	sich einer Sache entziehen	
désabuser qn	jdm die Augen öffnen, jdn desillusionieren	3
désaccoutumer qn de qc	jdm etw. abgewöhnen	3
*se désaccoutumer de qc	sich etw. abgewöhnen	
désaltérer (qn)	(jdm) zu trinken geben, den Durst stillen	11
*se désaltérer	seinen Durst löschen	
désapprouver qc	etw. missbilligen	3
désarmer (qn)	abrüsten; jdn entwaffnen	3
désavantager qn	jdn benachteiligen	13
désavouer qn/qc	jdn im Stich lassen; etw. nicht anerkennen, verleugnen	3
***descendre**	hinuntergehen; aussteigen	17
descendre qc	etw. hinuntertragen, -bringen	
déséquilibrer	jdn/etw. aus dem Gleichgewicht bringen	3
déserter (qc)	desertieren; etw. verlassen	3

désespérer (de qc)	verzweifeln, die Hoffnung (auf etw.) aufgeben	11
*se désespérer	verzweifeln, in Verzweiflung geraten	
déshabiller qn	jdn ausziehen	3
*se déshabiller	sich ausziehen	
déshabituer qn de qc	jdm etw. abgewöhnen	3
*se déshabituer de faire qc	sich abgewöhnen, etw. zu tun	
déshériter qn	jdn enterben	3
déshonorer qn	jdn entehren	3
*se déshonorer	seine Ehre verlieren	
désigner qn/qc	auf jdn/etw. hinweisen; jdn bestimmen	3
désillusionner qn	jdn desillusionieren; enttäuschen	3
désinfecter qc	etw. desinfizieren	3
désinformer qn	jdn falsch informieren	3
désintéresser qn	jdn auszahlen, entschädigen	3
*se désintéresser de qn/qc	das Interesse an jdm, etw. verlieren	
désintoxiquer qn	jdn entgiften	3
*se désintoxiquer	eine Entziehungskur machen	
désirer (faire) qc	etw. (zu tun) wünschen	3
désobéir à qn	jdm nicht gehorchen	22
désoler qn	jdn traurig machen	3
désordonner qc	etw. in Unordnung bringen	3
désorganiser qc	etw. durcheinanderbringen	3
désorienter qn	jdn verunsichern, verwirren	3
desservir (un lieu)	(einen Ort) anfahren, (an einem Ort) halten	20

dessiner – dîner

dessiner qc	etw. zeichnen	3
*se dessiner	Gestalt annehmen, sich abzeichnen	
déstabiliser qn/qc	jdn verunsichern; etw. destabilisieren	3
destiner qn à qc	jdn zu etw. bestimmen, jdn für etw. ausersehen	3
détacher qc	etw. lösen, abmachen	3
détacher qn de qn/qc	jdn von jdm/etw. lösen, trennen	
*se détacher de qc/qn	sich für etw. nicht mehr interessieren; sich von jdm lösen	
***se détendre**	sich entspannen	17
détenir qn/qc	jdn gefangen halten; etw. bewahren; besitzen	65
détériorer	verschlechtern	3
*se détériorer	sich verschlechtern	
déterminer qc	etw. bestimmen	3
déterminer qn à (faire) qc	jdn zu etw. bewegen; jdn dazu bewegen, etw. zu tun	
détester qc	etw. hassen, verabscheuen	3
détourner qc	etw. umleiten; etw. abwenden	3
détourner qn de qc	jdn von etw. abbringen, ablenken	
*se détourner	sich abwenden	
détruire qc	etw. zerstören, etw. vernichten	30
dévaloriser qc/qn	etw. entwerten; jdn abwerten	3
dévaluer qc	etw. abwerten	3
devancer qn/qc	jdm/einer Sache zuvorkommen; jdn übertreffen	12
dévaster qc	etw. verwüsten	3
développer qc	etw. entwickeln, zur Entfaltung bringen	3
*se développer	sich entwickeln, entfalten	
***devenir**	werden	66
dévier (qc)	abweichen; etw. umleiten	5
deviner qc	etw. erraten	3
dévoiler qc	etw. enthüllen	3
devoir faire qc	etw. tun müssen, sollen	69
devoir qc à qn	jdm etw. schulden	
dévorer qc	etw. zerfleischen, verschlingen	3
***se dévouer** à qc	sich einer Sache hingeben, widmen	3
diaboliser qn/qc	jdn/etw. verteufeln	3
dialoguer avec qn	mit jdm ein Gespräch führen	3
dicter qc	etw. diktieren	3
diffamer qn	jdn diffamieren, verleumden	3
différencier qc	etw. unterscheiden, differenzieren	5
*se différencier de qn/qc par qc	sich von jdm/etw. durch etw./in etw. unterscheiden	
différer (de qc)	(von etw.) abweichen, sich (von etw.) unterscheiden	11
diffuser qc	etw. aus-, verbreiten, senden	3
digérer (qc)	(etw.) verdauen	11
digitaliser qc	etw. digitalisieren	3
dilater qc	etw. erweitern, ausdehen	3
diminuer (de)	abnehmen, sinken, zurückgehen (um)	3
dîner	zu Abend essen	3

105

dire – dormir

dire qc à qn	jdm etw. sagen	36
dire à qn de faire qc	jdm sagen, etw. zu tun	
diriger qn/qc	jdn/etw. leiten; etw. lenken	13
*se diriger vers	zugehen auf	
discerner qc (de qc)	etw. erkennen; etw. von etw. unterscheiden	3
discipliner qn	jdn disziplinieren	3
discréditer qn/qc	jdn/etw. in Misskredit bringen	3
discriminer qc	etw. unterscheiden	3
disculper qn de qc	jdn von etw. entlasten	3
*se disculper	sich rechtfertigen	
discuter	sich unterhalten, diskutieren	3
discuter de/sur qc	über etw. sprechen/diskutieren	
disparaître	verschwinden; sterben	46
dispenser qn de qc	jdn von etw. befreien	3
disperser qc	etw. zerstreuen	3
disposer qc	etw. anordnen, aufstellen	3
disposer de	verfügen über	
*se disputer	sich streiten	3
disqualifier qn	jdn disqualifizieren	5
*se disqualifier	sich disqualifizieren	
dissimuler qc	etw. verbergen, verstecken	3
dissiper qc	etw. vertreiben, zerstreuen	3
*se dissiper	sich auflösen, sich zerstreuen	
dissoudre qc	etw. auflösen	50
*se dissoudre	sich auflösen, auseinandergehen	
dissuader qn de (faire) qc	jdn von etw. abbringen; jdn davon abbringen, etw. zu tun	3
distinguer qc	etw. unterscheiden, erkennen	3
distinguer qn/qc de qn/qc	jdn von jdm/etw. von etw. unterscheiden	
*se distinguer	sich unterscheiden, sich auszeichnen	
***se distraire**	sich vergnügen, sich zerstreuen	37
distribuer qc	etw. austragen, verteilen	3
diverger (de qc)	(von etw.) abweichen	13
diversifier qc	etw. diversifizieren, neu aufteilen	3
divertir qn	jdn unterhalten	22
*se divertir	sich amüsieren	
diviser qc (en)	etw. (ein)teilen (in), gliedern (in); etw. dividieren	3
*se diviser (en)	sich gliedern (in)	
divorcer (de/d'avec qn)	sich (von jdm) scheiden lassen	12
documenter qc	etw. dokumentieren	3
domestiquer qc	etw. domestizieren; etw. nutzbar machen	3
dominer qn/qc	jdn/etw. beherrschen	3
*se dominer	sich beherrschen	
dompter qn/qc	jdn/etw. zähmen, bezwingen	3
donner qc à qn	jdm etw. geben	3
donner sur qc	auf etw. hingehen, zu etw. hinführen	
doper qn	jdn dopen	3
dorloter qn	jdn verwöhnen, verhätscheln	3
dormir	schlafen	18

doser – éduquer

doser qc	etw. dosieren	3
doter qn (de)	jdn ausstatten (mit)	3
doubler	sich verdoppeln	3
doubler qc/un véhicule	etw. verdoppeln; ein Fahrzeug überholen	
* **se doucher**	sich duschen	3
douter de qc	an etw. zweifeln	3
*se douter de qc	etw. ahnen, vermuten	
draguer qn *fam.*	jdn anbaggern, jdn anmachen	3
dramatiser qc	etw. dramatisieren	3
dresser qc	etw. aufstellen, aufrichten	3
*se dresser	sich aufrichten	
***se droguer**	Drogen, Rauschgift nehmen	3
duper qn	jdn betrügen	3
durcir	hart werden	22
durcir qc	etw. hart machen	
durer	dauern	3
dynamiser qc	etw. dynamisieren, vorantreiben	3

E

ébaucher qc	etw. skizzieren, entwerfen	3
ébranler qc	etw. erschüttern	3
*s'ébranler	sich in Bewegung setzen	
écarter qc	etw. entfernen, wegnehmen	3
*s'écarter de qc	sich von etw. entfernen, von etw. abkommen	
échanger qc	etw. austauschen	13
échapper à qn/qc	jdm entkommen, einer Sache entgehen	3
*s'échapper de	entweichen, entkommen	
échauffer qc	etw. erwärmen, erhitzen	3
*s'échauffer	sich aufwärmen; sich erregen	
échouer (à qc)	(an/bei etw.) scheitern	3
éclaircir qc	etw. aufhellen, aufklären	22
*s'éclaircir	aufklaren; sich aufklären	
éclairer (qc)	leuchten; etw. erhellen, erklären	3
*s'éclairer	sich aufhellen; sich klären	
éclater	platzen, knallen	3
*s'éclater *fam.*	sich austoben, prima amüsieren	
écœurer	widerlich sein/ schmecken/riechen	3
économiser qc	etw. sparen	3
écouler qc	etw. absetzen, in Umlauf bringen	3
*s'écouler (dans qc)	vergehen (Zeit); ablaufen; in etw. fließen	
écouter qn/qc	jdm zuhören; etw. anhören	3
écraser qn/qc	jdn vernichten; etw. zerdrücken	3
*s'écraser	abstürzen (Flugzeug)	
***s'écrier**	schreien, ausrufen	5
écrire (qc à qn)	(jdm etw.) schreiben	38
édifier qc	etw. errichten, erbauen	5
éditer qc	etw. herausgeben, verlegen	3
éduquer qn	jdn erziehen	3

effacer – empêcher

effacer qc s'effacer	etw. (aus)löschen verblassen, undeutlich werden	12
effectuer qc	etw. ausführen, durchführen	3
*****s'effondrer**	einstürzen, zusammenbrechen	3
*****s'efforcer** de faire qc	sich bemühen, etw. zu tun	12
effrayer qn *s'effrayer de qc	jdn erschrecken sich über etw. erschrecken	14
égaler qn/qc	jdm/etw. gleich kommen, in nichts nachstehen	3
égarer qn *s'égarer	jdn um den Verstand bringen, in die Irre führen sich verirren; vom Thema abschweifen	3
élaborer qc	etw. ausarbeiten	3
*****s'élancer**	los-, hervorstürzen; (steil) emporragen	12
élargir qc *s'élargir	etw. erweitern sich ausdehnen; sich erweitern	22
élever qn/qc *s'élever	jdn großziehen, erziehen; etw. züchten; etw. errichten, (er-/an)heben sich erheben; an-/aufsteigen	7
éliminer qn/qc	jdn/etw. ausschalten, jdn eliminieren	3
élire qn/qc	jdn/etw. wählen	41
éloigner qn/qc *s'éloigner de	jdn/etw. fernhalten sich entfernen von	3
émanciper qn *s'émanciper	jdn emanzipieren, gleichstellen sich emanzipieren	3
emballer qc	etw. einpacken	3
(*****s')embarquer**	an Bord gehen	3
embarrasser qn *s'embarrasser de qn/qc	jdn stören, in Verlegenheit bringen sich mit jdm/etw. belasten	3
embaucher qn	jdn einstellen	3
embellir (qn/qc)	schöner werden; jdn schöner aussehen lassen, etw. verschönern	22
embêter qn *(fam.)* *s'embêter	jdn nerven sich langweilen	3
embrasser qn *s'embrasser	jdn küssen sich küssen	3
émerger de	auftauchen aus	13
émerveiller qn *s'émerveiller de qc	jdn in Erstaunen versetzen, entzücken über etw. in Entzückung geraten	3
émettre (qc)	(etw.) ausstrahlen	43
émigrer	auswandern	3
emmêler qc	etw. durcheinander bringen	3
emménager	(in eine Wohnung) einziehen	13
emmener qn/qc emmener qn à emmener qn faire qc	jdn/etw. mitnehmen jdn mitnehmen/ bringen zu/in jdn mitnehmen, etw. zu tun	8
emmerder qn *fam.*	jdn. nerven	3
*****s'emparer** de qc	etw. an sich reißen, von etw. Besitz ergreifen	3
empêcher qc empêcher qn de faire qc *ne pas s'empêcher de faire qc	etw. verhindern jdn daran hindern, etw. zu tun nicht umhin können, etw. zu tun	3

empester – engueuler

empester (qc)	stinken; etw. verpesten, nach etw. stinken	3
empiler qc *s'empiler	etw. (auf)stapeln sich stapeln	3
empirer	sich verschlimmern	3
emplir qc *s'emplir de	etw. füllen sich füllen mit	22
employer qn/qc *s'employer à faire qc	jdn beschäftigen; etw. gebrauchen, ver-/anwenden sich sehr bemühen, etw. zu tun	15
empoisonner qn/qc	jdn/etw. vergiften, verpesten	3
emporter qc l'emporter sur qn/qc s'emporter contre qn/qc	etw. mit-/wegnehmen über jdn/etw. siegen, sich gegen jdn/etw. durchsetzen wegen jdm/etw. wütend werden, sich über jdn/etw. erregen	3
*s'empresser de faire qc	sich beeilen, etw. zu tun	3
emprisonner qn	jdn inhaftieren, ins Gefängnis werfen	3
emprunter qc à qn	(sich) etw. von jdm leihen	3
encadrer qc	etw. einrahmen	3
encaisser qc	etw.(ein)kassieren, einlösen	3
enchaîner qn *s'enchaîner	jdn anketten sich verbinden; ineinander greifen, aufeinander folgen	3
enchanter qn	jdn bezaubern, entzücken	3
enchérir (sur qn/qc)	teurer werden; jdn/etw. überbieten	22
encoder qc	etw. kodieren	3
encombrer qc *s'encombrer de qn/qc	etw. verstopfen; überlasten sich mit jdm/etw. belasten	3
encourager qn (à faire qc)	jdn ermutigen (etw. zu tun)	13
endetter qn *s'endetter	jdn in Schulden stürzen sich verschulden	3
endommager qc	etw. (be)schädigen	13
endormir qn *s'endormir	jdn in Schlaf versetzen, zum Einschlafen bringen; einschläfern einschlafen	18
endurcir qn *s'endurcir	jdn abhärten hart werden, abstumpfen	22
endurer qn/qc	jdn/etw. ertragen, aushalten	3
énerver qn *s'énerver	jdn aufregen sich aufregen	3
enfermer qn/qc *s'enfermer	jdn/etw. einschließen sich einschließen	3
enflammer qc	etw. entflammen	3
*s'enflammer (pour)	sich entzünden; sich begeistern (für)	3
(*s')enfler	anschwellen	3
enfoncer (dans) qc *s'enfoncer	in etw. einsinken; etw. hineinschlagen, -stoßen, -drücken ein-/versinken	12
*s'enfuir	flüchten	61
engager qn *s'engager à faire qc	jdn einstellen sich verpflichten, etw. zu tun	13
engendrer qn/qc	jdn zeugen; etw. hervorbringen, erzeugen	3
engloutir qc	etw. verschlingen	22
engueuler qn *fam.*	jdn anschnauzen	3

enivrer – s'envieillir

enivrer qn	jdn betrunken machen	3		**entendre** qc	etw. hören; verstehen	17
*s'enivrer	sich betrinken			*s'entendre avec qn	sich mit jdm vestehen	
enlaidir (qn/qc)	hässlich werden; jdn/etw. entstellen, verunstalten	22		**enterrer** qn/qc	jdn/etw. beerdigen	3
				*s'entêter à faire qc	darauf bestehen, etw. zu tun	3
enlever qn/qc	jdn entführen; etw. ausziehen; etw. wegnehmen, abräumen	7		**enthousiasmer** qn	jdn in Begeisterung versetzen	3
				*s'enthousiasmer	sich begeistern	
ennuyer qn	jdn langweilen	16		**entourer** qn/qc	jdn/etw. umgeben, umschließen	3
s'ennuyer	sich langweilen			*s'entourer de qn/qc	sich mit jdm/etw. umgeben	
énoncer qc	etw. ausdrücken, darlegen	12		*s'entraider	sich gegenseitig helfen	3
enregister qc	etw. aufnehmen, aufzeichnen, speichern, registrieren, eintragen	3		**entraîner** qc	etw. mit sich reißen; etw. zur Folge haben	3
				entraîner qn à faire qc	jdn dazu verleiten, etw. zu tun	
enquêter	Erkundigungen einziehen, eine Untersuchung durchführen	3		*s'entraîner	trainieren, üben	
enrager	wütend werden	13		**entreprendre** qc	etw. unternehmen	49
*s'enrhumer	sich erkälten	3		*entrer (dans qc)	(in etw.) eintreten, etw. betreten; hereinkommen	3
enrichir qn/qc	jdn reich(er) machen; etw. anreichern	22		**entretenir** qc	etw. erhalten, bewahren	65
*s'enrichir	sich bereichern, reicher werden			*s'entretenir (avec qn de qc)	sich (mit jdm über etw.) unterhalten	65
*s'enrouer	heiser werden	3		*s'entre-tuer	sich gegenseitig töten	3
enrouler qc	etw. aufwickeln	3		**entrouvrir** qc	etw. ein wenig öffnen	64
*s'enrouler dans qc	sich in etw. einwickeln			*s'entrouvrir	sich halb öffnen	
enseigner qc à qn enseigner à qn à faire qc	jdn in etw. unterrichten jdn lehren, etw. zu tun	3		**énumérer** qc	etw. aufzählen	11
				envahir (un pays)	(ein Land) überfallen	22
*s'ensuivre	sich daraus ergeben	54		**envelopper** qc	etw. einwickeln, verpacken	3
entamer qc	etw. aufnehmen, beginnen	3		**envier** qn	jdn beneiden	5
entasser qc	etw. anhäufen	3		*s'envieillir	alt werden	22
*s'entasser	sich türmen, sich häufen					

envisager – étouffer

envisager qc	etw. ins Auge fassen	13
envisager de faire qc	beabsichtigen, etw. zu tun	
***s'envoler**	wegfliegen	3
envoyer qc à qn	jdm etw. schicken	24
épanouir qn/qc	jdn/etw. aufblühen lassen	22
*s'épanouir	aufblühen	
épargner (qc)	(etw.) sparen, schonen	3
épargner qc à qn	jdm etw. ersparen	
épater qn *fam.*	jdn verblüffen	3
épeler qc	etw. buchstabieren	9
épicer qc	etw. würzen	12
épier qn	jdn belauern	5
*s'épier	sich belauern, nachspionieren	
épiler qc	etw. enthaaren	3
éplucher qc	etw. schälen	3
épouser qn	jdn heiraten	3
éprouver qc	etw. erproben; etw. empfinden	3
épuiser qc	etw. erschöpfen, strapazieren, aufbrauchen	3
*s'épuiser	versiegen; müde, schwach werden	
épurer qc	etw. reinigen	3
équilibrer qc	etw. ins Gleichgewicht bringen, ausgleichen	3
*s'équilibrer	sich ausgleichen, sich die Waage halten	
équiper qn/qc (de)	jdn/etw. ausstatten, versehen (mit)	3
ériger qc	etw. errichten	13
errer	herumirren	3

escalader qc	etw. erklettern, auf etw. steigen	3
escorter qn/qc	jdn/etw. eskortieren	3
espérer qc	etw. hoffen	11
espionner qn	jdn bespitzeln, ausspionieren	3
esquisser qc	etw. skizzieren; andeuten	3
*s'esquisser	sich abzeichnen	
essayer qc	etw. ausprobieren, versuchen	14
essayer de faire qc	versuchen, etw. zu tun	
essuyer qc	etw. abwischen, abtrocknen	16
*s'essuyer	sich abtrocknen	
estimer qn/qc	jdn schätzen; etw. (ein-, ab-)schätzen	3
établir qc	etw. aufstellen, einrichten	22
*s'établir	sich niederlassen	
étaler qc	etw. ausbreiten	3
*s'étaler	sich ausdehnen, sich ausbreiten	
éteindre qc	etw. ausmachen, ausschalten; löschen	47
*s'éteindre	ausgehen	
étendre qc	etw. hinlegen, ausbreiten; etw. ausstrecken	17
*s'étendre	sich hinlegen; sich erstrecken	
éternuer	niesen	3
étinceler	funkeln, glänzen	9
étiqueter qc	etw. etikettieren	10
étonner qn	jdn erstaunen	3
*s'étonner de qc	sich über etw. wundern	
étouffer qc	etw. ersticken, löschen	3
*s'étouffer	ersticken	

111

étourdir – exploser

étourdir qn	jdn betäuben	22
*s'étourdir	sich betäuben	
étrangler qn	jdn erwürgen	3
*s'étrangler	sich erdrosseln	
être	sein	2
étudier qc	etw. studieren, lernen, erforschen	5
évacuer qc	etw. räumen	3
*s'évader	entfliehen, entkommen	3
évaluer qc	etw. bewerten, (ab)schätzen	3
*s'évanouir (de qc)	(vor etw.) ohnmächtig werden	22
éveiller qc	etw. wecken, erregen	3
*s'éveiller	auf-, erwachen	
éviter qn/qc	jdn/etw. (ver)meiden	3
éviter de faire qc	vermeiden, etw. zu tun	
*s'éviter	sich meiden	
évoluer	sich entwickeln, sich verändern	3
évoquer qn/qc	jdn erinnern an, etw. ins Gedächtnis rufen; etw. schildern, erwähnen	3
exagérer (qc)	(etw.) übertreiben	11
exalter qn/qc	jdn preisen, rühmen; etw. verherrlichen; etw. anregen	3
*s'exalter	in Erregung geraten	
examiner qn/qc	jdn/etw. prüfen, untersuchen	3
exaspérer qn	jdn zur Verzweiflung bringen	11
*s'exaspérer	wütend werden	
excéder qc	etw. überschreiten	11
exceller dans/en qc	sich in etw. auszeichnen; in etw. ausgezeichnet sein	3
excepter qn/qc de qc	jdn von etw. ausnehmen; etw. von etw. abziehen	3
exciter qn/qc	jdn reizen, ärgern; etw. erregen, wecken	3
*s'exciter sur qc	sich über etw. aufregen	
exclure qn/qc	jdn/etw. ausschließen	27
excuser qn/qc	jdn/etw. entschuldigen	3
*s'excuser de qc	sich für etw. entschuldigen	
exécuter qn/qc	jdn hinrichten; etw. ausführen	3
exercer qc	etw. ausüben, praktizieren	12
*s'exercer	üben, trainieren	
exiger qc	etw. verlangen, fordern	13
exiler qn	jdn verbannen	3
*s'exiler	ins Exil gehen; auswandern	
exister	existieren, leben	3
expatrier qn	jdn ausbürgern	5
*s'expatrier	auswandern	
expédier qc	etw. versenden	5
(*)expirer	ausatmen; ablaufen, enden; sterben	3
expliquer qc (à qn)	(jdm) etw. erklären	3
*s'expliquer (sur qc)	sich ausdrücken; sich für etw. entschuldigen, etw. rechtfertigen	
exploiter qn/qc	jdn ausbeuten; etw. (aus)nutzen	3
explorer qc	etw. erforschen	3
exploser	explodieren	3

exporter – fermer

exporter qc	etw. exportieren	3
exposer qc	etw. ausstellen; etw. vortragen, darlegen	3
*s'exposer à qc	sich einer Sache aussetzen	
exprimer qc	etw. ausdrücken	3
*s'exprimer en	sich ausdrücken auf	
exproprier qn	jdn enteignen	5
expulser qn	jdn ausweisen	3
***s'extasier**	in Entzücken geraten	5
exténuer qn	jdn erschöpfen	3
*s'exténuer à faire qc	sich abmühen, etw. zu tun	
exterminer qn/qc	jdn/etw. vernichten, ausrotten	3
extraire qc	etw. herausziehen	37

F

fabriquer qc	etw. herstellen	3
fâcher qn	jdn ärgern	3
*se fâcher	sich aufregen, ärgern	
faciliter qc	etw. erleichtern	3
façonner qc	etw. bearbeiten, formen	3
facturer qc	etw. in Rechnung stellen	3
faiblir	schwach werden	22
==**faire** qc==	etw. machen, tun	39
faire faire qc à qn	jdn veranlassen, etw. zu tun	
==**falloir**==	brauchen, müssen	70
falsifier qc	etw. (ver)fälschen	5
familiariser qn avec qc	jdn mit etw. vertraut machen	3
*se familiariser avec qn/qc	sich mit jdm/etw. vertraut machen	
***se faner**	verwelken, verblassen	3
fanfaronner	prahlen, sich aufspielen	3
fantasmer	Wahnvorstellungen haben	3
farder qn	jdn schminken	3
*se farder	sich schminken	
fasciner qn	jdn faszinieren	3
fatiguer qn/qc	jdn langweilen, ermüden; etw. belasten, strapazieren	3
*se fatiguer de qc	einer Sache überdrüssig werden	
faucher qc	etw. mähen; etw. klauen	3
***se faufiler**	sich hindurchschlängeln	3
fausser qc	etw. verfälschen	3
favoriser qn/qc	jdn/etw. begünstigen, unterstützen	3
faxer qc	etw. faxen	3
féconder qc	etw. befruchten	3
fédérer qc	etw. verbünden, vereinigen	11
*se fédérer	sich verbünden	
feindre de faire qc	vortäuschen, etw. zu tun	47
féliciter qn de/ pour qc	jdn zu etw. beglückwünschen	3
*se féliciter de qc	sich über etw. freuen	
féminiser qn	jdn verweiblichen, weiblich wirken lassen	3
*se féminiser	fraulicher werden	
fendre qc	etw. spalten	17
fermer qc	etw. schließen	3

fertiliser – formuler

fertiliser qc	etw. fruchtbar machen, düngen	3
fêter qc	etw. feiern	3
feuilleter qc	etw. durchblättern	10
***se fiancer** (avec qn)	sich (mit jdm) verloben	12
ficeler qc	etw. zuschnüren	9
***se ficher** de qc *fam.*	auf etw. pfeifen	3
***se fier** à qn	sich auf jdn verlassen, jdm vertrauen	5
figer qn/qc	jdn erstarren lassen; etw. fest werden lassen	13
***se figer**	erstarren, fest werden	
figurer	darstellen; auf einer Liste stehen	3
***se figurer** (qn/qc)	sich (jdn/etw.) vorstellen	
filer *fam.*	verschwinden	3
filmer qn/qc	jdn/etw. filmen	3
filtrer (qc)	durchsickern, durchscheinen; etw. filtern	3
financer qc	etw. finanzieren	12
finir (qc)	enden, zu Ende gehen; etw. beenden, fertig machen	22
finir par qc	mit. etw. aufhören	
(en) finir de faire qc	(damit) aufhören, etw. zu tun	
finir par faire qc	schließlich etw. tun	
fixer qc	etw. befestigen; festlegen	3
flairer qn/qc	jdn/etw. wittern	3
flamboyer	auflodern; glühen; leuchten; funkeln	15
flâner	bummeln, flanieren	3
flasher qn/qc	jdn/etw. mit Blitzlicht fotografieren	3
flasher sur qn/qc *fam.*	auf jdn/etw. abfahren	
flatter qn	jdm schmeicheln	3
***se flatter** de (faire) qc	sich einer Sache rühmen; sich rühmen, etw. zu tun	
fleurir	blühen	22
flipper *fam.*	ausflippen	3
flirter	flirten	3
flotter	schwimmen, treiben; schweben, flattern	3
focaliser qc (sur)	etw. fokussieren, konzentrieren (auf)	3
foisonner	wuchern; reichlich vorhanden sein	3
foncer	dunkler werden	12
foncer sur qn/qc	auf jdn/etw. losgehen	
fonctionner	funktionieren	3
fonder qc	etw. gründen	3
***se fonder** sur qc	sich auf etw. stützen, gründen	
fondre	schmelzen	17
forcer qn/qc	jdn zwingen; etw. aufbrechen	12
forcer qn à faire qc	jdn zwingen, etw. zu tun	
être forcé,e de faire qc	sich gezwungen sehen, etw. zu tun	
***se forcer** à faire qc	sich zwingen, etw. zu tun	
forger qc	etw. schmieden	13
formater qc	etw. formatieren	3
former qn/qc	jdn/etw. bilden, formen	3
***se former**	sich bilden; entstehen	
formuler qc	etw. äußern, formulieren	3

fortifier – glacer

fortifier (qn/qc)	(jdn/etw.) kräftigen, stärken	5
*se fortifier	trainieren; sich stabilisieren; wieder zu Kräften kommen	
fouetter qn/qc	jdn (aus)peitschen; (gegen) etw. schlagen, klatschen	3
fouiller qc	etw. durchsuchen, durchwühlen	3
fournir qn/qc	jdn beliefern; etw. liefern, hervorbringen	22
fournir qc à qn	jdm etw. liefern	
*se **foutre** de qn/qc *fam.*	auf jdn/etw. pfeifen	52
fraîchir	kühler werden	22
franchir qc	etw. überqueren, überwinden	22
frapper qn/qc	jdn/etw. schlagen	3
fraterniser	sich verbrüdern	3
freiner	bremsen	3
frémir	zittern	22
fréquenter qn/qc	jdn/etw. regelmäßig besuchen	3
frimer *fam.*	eine Schau abziehen; angeben	3
*se **fringuer** *fam.*	sich anziehen	3
frissonner (de)	zittern, frösteln (vor)	3
frotter (qc)	(etw.) reiben, scheuern, polieren	3
frustrer qn	jdn frustrieren	3
fuguer *fam.*	ausreißen, abhauen	3
fuir	fliehen, flüchten	61
fumer (qc)	(etw.) rauchen	3
fusiller qn	jdn erschießen	3
fusionner	fusionnieren	3

G

gâcher qc	etw. verderben	3
gagner qc	etw. gewinnen; verdienen	3
galoper	galoppieren	3
garantir qc	etw. garantieren	22
garder qn/qc	jdn/etw. behalten; bewachen	3
garer qc	etw. abstellen	3
garnir qc (de qc)	etw. verzieren, schmücken; etw. mit etw. versehen	22
gaspiller qc	etw. verschwenden	3
gâter qn/qc	jdn verwöhnen; etw. verderben	3
geindre	stöhnen, wimmern	47
geler	(ge)frieren, zufrieren	7
gémir	stöhnen	22
gêner qn	jdn stören; jdn in Verlegenheit bringen	3
généraliser qc	etw. verallgemeinern	3
générer qc	etw. erzeugen	11
gérer qc	etw. leiten, führen	11
germer	keimen	3
gifler qn	jdn ohrfeigen	3
glacer qc	etw. zu Eis erstarren lassen	12
se glacer	erstarren, gefrieren	

115

glander – hâter

glander *fam.*	herumgammeln	3
glisser	gleiten, rutschen	3
*se glisser	sich (ein)schleichen; schlüpfen	
globaliser qc	etw. verallgemeinern; globalisieren	3
glorifier qn	jdn verherrlichen, rühmen	5
gommer qc	etw. ausradieren, beseitigen	3
gonfler (qc)	etw. aufblasen; anschwellen	3
goudronner qc	etw. teeren	3
goûter (à) qc	etw. probieren, etw. kosten	3
goutter	tropfen	3
gouverner (qc)	(etw.) regieren	3
gracier qn	jdn begnadigen	5
grandir	groß werden, wachsen	22
gratiner qc	etw. überbacken	3
gratter	kratzen; jucken	3
*se gratter	sich kratzen	
grelotter (de qc)	(vor etw.) schlottern	3
griller qc	etw. grillen	3
grimacer	Grimassen schneiden	12
grimper	klettern	3
grogner	murren, knurren	3
grommeler	murmeln, vor sich hinbrummeln	9
gronder (qn)	grollen, donnern; jdn ausschimpfen, mit jdm schimpfen	3
grossir	zunehmen, dicker werden	22
grouper	eine Gruppe bilden	3
*se grouper	sich zu einer Gruppe zusammenschließen	
guérir (qn)	wieder gesund werden; jdn heilen	3
gueuler *fam.*	(herum)brüllen	3
guider qn	jdn führen	3
guillotiner qn	jdn mit der Guillotine hinrichten	3

H

Die mit blau markiertem *h (h aspiré)* beginnenden Verben werden in Verbindung mit *je* nicht apostrophiert.

habiller qn	jdn anziehen	3
*s'habiller	sich anziehen	
habiter (qc)	(in etw.) wohnen	3
habituer qn à qc	jdn an etw. gewöhnen	3
*s'habituer à qc	sich an etw. gewöhnen	
*s'habituer à faire qc	sich daran gewöhnen, etw zu tun	
haïr qn	jdn hassen	62
haïr de faire qc	hassen, etw. zu tun	
haleter	keuchen	6
handicaper qn	jdn benachteiligen, behindern	3
hanter qn	jdm keine Ruhe lassen, jdn verfolgen	3
harceler qn	jdn bedrängen, belästigen	7
harmoniser qc	etw. harmonisiren	3
*se **h**âter de faire qc	sich beeilen, etw. zu tun	3

116

hausser – inaugurer

hausser qc	etw. heben	3	imaginer qc	sich etw. vorstellen, (aus)denken	3
héberger qn/qc	jdn/etw. beherbergen, unterbringen	13	imaginer que *s'imaginer qc	annehmen, dass sich etw. vorstellen, einbilden	
hériter (qc de qn)	(etw. von jdm) erben	3	imaginer de faire qc	in Erwägung ziehen, etw. zu tun	
hésiter hésiter à faire qc	zögern zögern, etw. zu tun	3	imiter qn/qc	jdn/etw. nachahmen	3
heurter qc *se heuter *se heurter à qn/à qc	an etw. (an)stoßen zusammenstoßen auf jdn/auf etw. stoßen	3	immigrer	einwandern	3
			immobiliser qc *s'immobiliser	etw. lahmlegen, zum Erliegen bringen sich nicht mehr bewegen; zum Erliegen kommen	3
honorer qn	jdn ehrern, verehren	3			
horrifier qn	jdn entsetzen	5	immoler qn/qc	jdn/etw. opfern, zum Opfer darbringen	3
hospitaliser qn	jdn ins Krankenhaus einliefern	3	immuniser qn (contre qc)	jdn (gegen etw.) immun machen	3
huer qn	jdn auspfeifen	3	*s'impatienter	ungeduldig werden	3
humilier qn *s'humilier	jdn demütigen sich erniedrigen	5	implanter qc	etw. einpflanzen	3
hurler	brüllen, heulen	3	impliquer impliquer qn dans qc	bedeuten, heißen jdn in etw. verwickeln	3
hypnotiser qn	jdn hypnotisieren	3			
			implorer qn	jdn anflehen	3
I			importer (à qn)	bedeuten, wichtig sein (für jdn)	3
idéaliser qn	jdn verklären, idealisieren	3	importer qc	etw. importieren	
			importuner qn	jdn belästigen	3
identifier qn *s'identifier à/ avec qn/qc	jdn identifizieren sich mit jdm/etw. identifizieren	5	imposer qc à qn imposer à qn de faire qc *s'imposer	jdn zu etw. zwingen jdm vorschreiben, etw. zu tun sich durchsetzen; sich aufdrängen	3
ignorer qn/qc	jdn/etw. nicht kennen, ignorieren; etw. nicht wissen	3			
			imprégner qc	etw. imprägnieren	11
illuminer qc	etw. be-/erleuchten	3	impressionner qn	jdn beeindrucken	3
illustrer qc	etw. illustrieren, veranschaulichen	3	imprimer qc	etw. drucken	3
			improviser (qc)	(etw.) improvisieren	3
			inaugurer qc	etw. einweihen	3

117

incendier – instrumentaliser

incendier qc	etw. anzünden	5
inciter qn à qc	jdn zu etw. anstacheln, anstiften	3
inciter qn à faire qc	jdn dazu bringen, etw. zu tun	
***s'incliner**	sich verneigen; sich fügen, nachgeben	3
inclure qc	etw. einschließen, enthalten	27
incommoder qn	jdn stören	3
incriminer qn de faire qc	jdn beschuldigen, etw. zu tun	3
inculper qn	jdn beschuldigen	3
indemniser qn	jdn entschädigen	3
***s'indigner** (contre qn/qc, de qc)	sich (über jdn/etw.) entrüsten	3
indiquer qc à qn	jdm etw. anzeigen, jdm eine Angabe machen	3
individualiser qc	etw. individualisieren	3
industrialiser qc	etw. industrialisieren	3
infecter qn	jdn infizieren	3
***s'infecter**	sich infizieren, entzünden	
***s'infiltrer** dans qc	in etw. eindringen, sich in etw. einschleusen	3
infliger qc à qn	jdm etw. auferlegen, zufügen	13
influencer qn/qc	jdn/etw. beeinflussen	12
influer sur qc	auf etw. Einfluss haben/ausüben	3
informer qn (de qc)	jdn (über etw.) informieren	3
***s'informer**	sich informieren	
inhaler qc	etw. inhalieren	3
initier qn à qc	jdn mit etw. vertraut machen	5
***s'initier à qc**	sich mit etw. vertraut machen	
injecter qc	etw. einspritzen, injizieren	3
injurier qn	jdn beschimpfen, beleidigen	5
innover qc	etw. neu einführen	3
inonder qc	etw. überschwemmen	3
inquiéter qn	jdn beunruhigen	11
***s'inquiéter** pour qn/de qc	sich um jdn/über etw. Sorgen machen	
inscrire qn/qc	jdn anmelden; etw. eintragen, aufschreiben	38
***s'inscrire**	sich einschreiben, anmelden	
insérer qc	etw. einfügen	11
***s'insérer**	sich einfügen	
insinuer qc	etw. zu verstehen geben, einflüstern	3
***s'insinuer**	sich einschleichen	
insister (sur qc)	nicht nachgeben; auf etw. bestehen	3
inspecter qc	etw. inspizieren, mustern	3
inspirer qn	jdn inspirieren	3
***s'inspirer** de qn/qc	sich von jdm/etw. inspirieren lassen	
installer qc	etw. aufstellen, etw. installieren	3
***s'installer**	sich einrichten, sich niederlassen	
instituer qc	etw. einrichten	3
institutionnaliser qc	etw. institutionalisieren	3
instruire qn	jdn unterrichten, unterweisen	30
instrumentaliser qn	jdn benutzen	3

insulter – jeûner

insulter qn	jdn beleidigen, beschimpfen	3
***s'insurger** contre qn/qc	sich gegen jdn/etw. auflehnen	13
intégrer qn/qc *s'intégrer	jdn/etw. integrieren sich integrieren	11
intensifier qc *s'intensifier	etw. intensivieren sich intensivieren	5
interdire qc à qn interdire à qn de faire qc	jdm etw. verbieten, jdm verbieten, etw. zu tun	36
intéresser qn *s'intéresser à qn/à qc	jdn interessieren sich für jdn/etw. interessieren	3
interner qn	jdn internieren, einsperren	3
interpeller qn	jdn laut ansprechen; jdn zur Überprüfung der Personalien vorübergehend festnehmen; jdn betroffen machen	3
interpréter qc	etw. interpretieren, auslegen	11
interroger qn	jdn befragen	13
interrompre qn/qc	jdn/etw. unterbrechen	52
intervenir	intervenieren, einschreiten; sich einschalten	66
interviewer qn	jdn interviewen	3
intimider qn	jdn einschüchtern	3
intituler qc *s'intituler	etw. betiteln, mit einer Überschrift versehen den Titel, die Überschrift tragen	3
intoxiquer qn *s'intoxiquer	jdn vergiften sich vergiften	3
intriguer	intrigieren	3
introduire qc	etw. einführen	28
introniser qn	jdn feierlich einsetzen	3
inventer qc	etw. erfinden	3
inverser qc	etw. umkehren, tauschen	3
investir (qn/qc)	jdn in ein Amt einsetzen; (etw.) investieren	22
inviter qn (à qc) *inviter qn à faire qc	jdn (zu etw.) einladen jdn auffordern, etw. zu tun	3
ironiser sur qc/qn	jdn/etw. verspotten, mit Ironie behandeln	3
irriter qn *s'irriter	jdn reizen, jdm auf die Nerven gehen sich aufregen	3
islamiser qn *s'islamiser	jdn zum Islam bekehren sich zum Islam bekennen	3
isoler qn *s'isoler de qn/qc	jdn isolieren sich von jdm/etw. absondern	3

J

jaillir	herausspritzen, hervorquellen	22
jalouser qn *se jalouser	auf jdn eifersüchtig sein neidisch aufeinander sein	3
jaunir	gelb werden	22
jeter qc se jeter (dans qc)	etw. werfen sich stürzen, sich hinwerfen; in etw. münden	10
jeûner	fasten	3

joindre – limer

joindre qn/qc	jdn erreichen, treffen; etw. verbinden, hinzufügen	40
*se joindre (à)	sich anschließen (an); sich treffen; sich verbinden	

jouer	spielen	3
jouer à qc	etw. spielen (Sportart)	
jouer de qc	etw. spielen (Musikinstrument)	

jouir de qc	etw. genießen, sich über etw. freuen	22

jubiler	sich unbändig freuen	3

juger qn *(+ adj.)*/qc	über jdn richten; jdn für etw. halten; etw. beurteilen	13

jumeler qc	etw. miteinander verbinden	9

jurer	fluchen	3

justifier qc	etw. rechtfertigen; etw. bestätigen	5
*se justifer (de qc auprès de qn)	sich (wegen etw. vor jdm) rechtfertigen	

juxtaposer qc	etw. nebeneinanderstellen	3

K

kidnapper qn	jdn entführen	3
klaxonner	hupen	3

L

labourer (qc)	(etw.) (um)pflügen	3
lacer qc	etw. zuschnüren	12
lâcher qn/qc	jdn/etw. loslassen; jdn im Stich lassen	3

laisser qc	etw. (zurück)lassen, hinterlassen	3
laisser qc à qn	jdm etw. (über)lassen, geben	
laisser faire qc à qn	jdn etw. machen lassen	

***se lamenter** (sur qc)	(über etw.) jammern, klagen	3

lancer qc (à qn)	jdm etw. zuwerfen; etw. einführen, herausbringen (z. B. Buch)	12
*se lancer dans qc	sich in etw. stürzen, etw. wagen	

lasser qn/qc	jdn ermüden, langweilen; etw. überstrapazieren	3
*se lasser de qc	einer Sache überdrüssig werden	

laver qn/qc	jdn/etw. waschen; etw. spülen	3
*se laver	sich waschen	

lécher qc	etw. aus-/ablecken	11

légaliser qc	etw. legalisieren	3

légitimer qn/qc	jdn/etw. legitimieren, als rechtmäßig anerkennen	3

léguer qc à qn	jdm etw. hinterlassen, vererben	11

lever qc	etw. hoch-/aufheben	7
*se lever	aufstehen	

libéraliser qc	etw. liberalisieren	3

libérer qn	jdn befreien	11
*se libérer de qc	sich (von etw.) freimachen	

liciencier qn	jdn entlassen	

lier qc	etw. (ver)binden	5
*se lier	sich binden	

limer	feilen	3

limiter – marier

limiter qc	etw. einschränken, begrenzen	3
*se limiter à (faire) qc	sich auf etw. beschränken; sich darauf beschränken, etw. zu tun	
lire (qc)	(etw.) lesen	41
lister qc	etw. auflisten	3
livrer qc à qn	jdm etw. liefern	3
*se livrer à qn/qc	sich jdm offenbaren; sich einer Sache hingeben	
localiser qc	etw. lokalisieren, orten	3
loger	wohnen	13
loger qn	jdn unterbringen	
*se loger	sich eine Unterkunft beschaffen	
longer qc	an etw. entlanggehen	13
louer qn (de qc)	jdn (für etw.) loben	3
louer qc	etw. mieten, vermieten	
*se louer	vermietet werden	
*se louer de qc	sich einer Sache rühmen	
louper (qc) *fam.*	etw. verpatzen, verpassen; danebengehen	3
luire	leuchten, scheinen, glänzen	45
lutter	kämpfen	3

M

mâcher qc	etw. kauen	3
magnifier qn/qc	jdn/etw. rühmen, verherrlichen	5
maigrir	abnehmen	22
maintenir qc	etw. aufrechterhalten	65
*se maintenir	sich halten, bestehen bleiben	
maîtriser qc	etw. meistern, beherrschen	3
*se maîtriser	sich beherrschen	
malmener qn	jdn schlecht behandeln	8
maltraiter qn	jdn misshandeln, schlecht behandeln	3
manager qc	etw. managen, leiten	13
mander qn	jdn herbeirufen, zu sich bitten	3
manger (qc)	(etw.) essen	13
manier qc	etw. handhaben, mit etw. umgehen	5
manifester (qc)	demonstrieren; etw. zum Ausdruck bringen	3
manipuler qn/qc	jdn/etw. manipulieren	3
manœuvrer qc	etw. handhaben	3
manquer	fehlen, versagen	3
manquer qc	etw. verpassen	
manquer à qn	jdm fehlen	
manquer de qc	an etw. fehlen, mangeln	
maquiller qn	jdn schminken	3
*se maquiller	sich schminken	
marauder	stehlen, plündern	3
marchander	handeln, feilschen	3
marcher	gehen, laufen; funktionieren	3
marginaliser qn	jdn an den Rand drängen, ausgrenzen	3
marier qn	jdn verheiraten	3
*se marier (avec qn)	(jdn) heiraten	

marquer – moissonner

marquer qc	etw. markieren; etw. anzeigen	3
martyriser qn	jdn quälen	3
***se masquer**	sich maskieren, sich verstellen	3
massacrer qn/qc	jdn/etw. niedermetzeln	3
mastiquer qc	etw. kauen	3
maudire qn	jdn verfluchen, verwünschen	42
maugréer	fluchen; schimpfen	4
méconnaître qn/qc	jdn/etw. verkennen	29
médire de qn	Schlechtes über jdn sagen, über jdn lästern	36
méditer (sur qc)	(über etw.) nachdenken	3
***se méfier** (de qn/qc)	sich in Acht nehmen; jdm/einer Sache misstrauen	15
mélanger qc	etw. mischen	13
mêler qn à qc *se mêler de qn/qc	jdn in etw. verwickeln sich mit jdm abgeben; sich mit etw. beschäftigen	3
mémoriser qc	sich etw. einprägen	3
menacer qn de qc menacer de faire qc	jdm mit etw. drohen drohen, etw. zu tun	12
ménager qn	jdn schonen, auf jdn Rücksicht nehmen	13
mendier	betteln	15
mener qn/qc mener à qc	jdn/etw. führen, leiten zu etw. führen	8
mentionner qc	etw. erwähnen	3
mentir (à qn)	lügen; jdn anlügen	19
***se méprendre** sur qn/qc	sich in jdm/etw. täuschen	49
mépriser qn	jdn verachten	3
mériter qc	etw. verdienen	3
mésestimer qn	jdn geringschätzen	3
mesurer (qn/qc) *se mesurer à/ avec qn	(jdn/etw.) messen sich mit jdm messen	3
mettre qc *se mettre à faire qc	etw. setzen, stellen, legen; etw. anziehen beginnen, etw. zu tun	43
meubler qc	etw. möblieren	3
meugler	muhen	3
miauler	miauen	3
militer (pour/ contre qc)	politisch aktiv sein; für/gegen etw. kämpfen	3
mimer qn/qc	jdn/etw. nachahmen	3
minimiser qc	etw. herunterspielen	3
mixer qc	etw. mixen	3
mobiliser qn/qc *se mobiliser	jdn/etw. mobilisieren sich in Bewegung setzen	3
modeler qc	etw. modellieren	7
modérer qn/qc *se modérer	jdn/etw. bremsen; etw. dämpfen, verringern sich mäßigen	11
moderniser qc	etw. modernisieren	3
modifier qc	etw. modifizieren, ändern	5
moduler qc	etw. modulieren, abändern	3
moissonner qc	etw. ernten	3

molester – noircir

molester qn	jdn belästigen	3
mondialiser qc	etw. globalisieren	3
monologuer	Selbstgespräche führen	3
monopoliser qc	etw. monopolisieren	3
***monter** monter qc *monter dans qc *monter sur qc	hinaufgehen etw. aufstellen; etw. hinaufbringen, -tragen in etw. (ein)steigen auf etw. steigen/ etw. besteigen	3
montrer qc à qn	jdm etw. zeigen	3
***se moquer** de qn/qc	sich über jdn/etw. lustig machen	3
morceler qc	etw. zerstückeln, aufteilen	9
mordre (qn)	(jdn) beißen	17
mortifier qn	jdn kränken, demütigen	5
motiver qn	jdn motivieren	3
mouiller qc *se mouiller	etw. nass machen sich nass machen, nass werden	3
***mourir** (de qc)	(an etw.) sterben	63
multiplier qc (par qc) *se multiplier	etw. (mit etw.) multiplizieren, vervielfachen sich vermehren, zunehmen	5
munir qn/qc de qc *se munir de qc	jdn/etw. mit etw. ausstatten etw. mitnehmen	22
mûrir	reifen	22
murmurer murmurer qc à qn	murmeln jdm etw. zuflüstern	3
muter qn	jdn. versetzen	3
mutiler qn/qc	jdn/etw. verstümmeln	3

mystifier qn	jdn hinters Licht führen, täuschen	5
mythifier qn	jdn verherrlichen, unsterblich machen	5

N

nager	schwimmen	13
***naître**	geboren werden	44
narguer qn	jdn verhöhnen	3
nasaliser qc	etw. nasalieren	3
nationaliser qc	etw. verstaatlichen	3
naturaliser qn	jdn einbürgern	3
naviguer (sur le Web)	zur See fahren; fliegen; im Netz surfen	3
nécessiter qc	etw. erfordern	3
négliger qn/qc	jdn/etw. vernachlässigen	13
négocier (qc avec qn)	(etw. mit jdm) verhandeln	5
neiger	schneien	13
nettoyer qc	etw. reinigen, säubern	15
neutraliser qn/qc	jdn/etw. neutralisieren, ausschalten	3
nicher	nisten; hausen	3
nier (qc) nier d'avoir fait qc	(etw.) leugnen bestreiten, etw. getan zu haben	5
niveler qc	etw. nivellieren, einebnen	9
noircir *se noircir	schwarz werden schwarz werden, sich verdunkeln, nachdunkeln	22

123

nommer qn	jdn (er)nennen	3		**offenser** qn	jdn beleidigen	3
*se nommer	heißen			**offrir** qc à qn	jdm etw. anbieten, schenken	64
normaliser qc	etw. normalisieren, vereinheitlichen	3		**opérer** (qn)	vorgehen; jdn operieren	11
*se normaliser	sich normalisieren			**omettre** qn/qc	jdn/etw. auslassen, nicht berücksichtigen	43
noter qc	etw. notieren, aufschreiben, anmerken	3		omettre de faire qc	unterlassen, etw. zu tun	
nouer qc	etw. zubinden	3		**opposer** qc à qc	etw. einer Sache entgegenhalten	3
nourrir qn/qc	jdn/etw. ernähren	22		*s'opposer à qn/qc	sich jdm/einer Sache widersetzen	
*se nourrir de qc	sich von etw. ernähren			**oppresser** qn	jdn beklemmen, bedrücken	3
noyer qn/qc	jdn/etw. ertränken	15		**opprimer** qn	jdn unterdrücken, knechten	3
*se noyer	ertrinken			**opter** pour qc	sich für etw. entscheiden	3
nuancer	nuancieren, abstufen	12		**optimaliser** qc	etw. optimieren	3
nuire à qn/qc	jdm/einer Sache schaden	45		**ordonner** qc	etw. ordnen; etw. verfügen	3
*se nuire	sich schaden			ordonner qc à qn	jdm etw. befehlen	
numéroter qc	etw. nummerieren	3		**organiser** qc	etw. organisieren	3
				*s'organiser	sich organisieren	
O				*s'orienter	sich orientieren, zurechtfinden	3
obéir à qn	jdm gehorchen	22		**orner** qc (de qc)	etw. (mit etw.) schmücken, verzieren	3
objecter qc	etw. einwenden	3		**oser** qc	etw. wagen	3
obliger qn à (faire) qc	jdn zu etw. zwingen; jdn zwingen/verpflichten, etw. zu tun	13		oser faire qc	wagen, etw. zu tun	
être obligé,e de faire qc	verpflichtet sein, etw. zu tun			**ôter** qc	etw. ausziehen	3
observer qn/qc	jdn/etw. beobachten	3		ôter qc à qn	jdm etw. wegnehmen	
*s'obstiner	halsstarrig, stur sein	3		**oublier** qn/qc	jdn/etw. vergessen	5
*s'obstiner à faire qc	darauf beharren, etw. zu tun			oublier de faire qc	vergessen, etw. zu tun	
obtenir qc	etw. bekommen	65		**outrer** qn/qc	jdn empören; etw. übertreiben	3
occuper qn/qc	jdn beschäftigen; etw. besetzen	3				
*s'occuper de qn	sich um jdn kümmern					
*s'occuper de faire qc	sich bemühen, etw. zu tun					

ouvrir – pêcher

ouvrir qc	etw. öffnen, aufmachen	64
*s'ouvrir	sich öffnen	

P

pacifier qc	etw. befrieden	5
*se pacser	ein eheähnliches Verhältnis eingehen	3
pactiser avec qn	mit jdm gemeinsame Sache machen	3
pâlir	blass werden	22
palper qc	etw. abtasten	3
palpiter	schlagen; zucken	3
panacher qc	etw. mischen	3
paniquer	in Panik geraten	3
papoter *fam.*	schwatzen	3
parachever qc	etw. vollenden	6
parachuter	mit dem Fallschirm abspringen	3
paraître	(er)scheinen	46
paralyser qn	jdn lähmen	3
paraphraser qc	etw. umschreiben, paraphrasieren	3
parcourir qc	etw. durchlaufen, durchfahren; etw. flüchtig durchlesen	58
pardonner qc à qn	jdm etw. verzeihen	3
parer qc	etw. schmücken	3
paresser *fam.*	faulenzen	3
parfaire qc	etw. vollenden	39
*se parfumer	sich parfümieren	3

parier	eine Wette abschließen	5
parler	sprechen	3
parler à qn	mit/zu jdm sprechen, jdn ansprechen	
parler avec qn	mit jdm ausführlich sprechen	
parler de qc	über etw. sprechen; von etw. erzählen	
parodier qn	jdn parodieren	5
parquer qc	etw. abstellen	3
partager qc	etw. (auf)teilen	13
partager qc avec qn	etw. mit jdm teilen	
*se partager	sich teilen	
participer à qc	an etw. teilnehmen	3
*partir	weggehen, abfahren, aufbrechen	21
*parvenir à qn/qc	zu jdm/etw. gelangen	66
parvenir à faire qc	gelingen, etw. zu tun	
(*)passer	vergehen; vorbeigehen, -fahren, -kommen	3
passer qc	etw. verbringen, verleben	
passer devant qc	an etw. vorbeigehen	
passer qc (à la radio)	etw. (im Radio) spielen	
passer qn à qn	jdn mit jdm verbinden (Telefon)	
*se passer	sich ereignen, passieren	
passionner qn	jdn faszinieren/ begeistern	3
*se passionner pour qc	sich für etw. begeistern	
patienter	sich gedulden	3
patiner	Schlittschuh laufen	3
payer qc	etw. bezahlen	14
*se payer qc	sich etw. erlauben	
pécher	sündigen	11
pêcher qc	etw. angeln, fischen	3

125

pédaler – philosopher

pédaler	radeln	3
peigner qn/qc	jdn/etw. kämmen	3
se peigner	sich kämmen	
peindre qc	etw. anmalen, anstreichen	47
peiner (à faire qc)	sich abmühen, sich anstrengen, etw. zu tun	3
peiner qn	jdn enttäuschen, traurig machen	
peler (qc)	sich schälen; etw. schälen, pellen	7
pénaliser qn	jdn bestrafen	3
pencher (qc)	sich neigen, sich biegen; etw. neigen, senken	3
*se pencher	sich nach vorn beugen, sich bücken	
*se pencher sur qc	sich mit etw. auseinandersetzen, sich in etw. vertiefen	
pendre à qc	an etw. hängen	17
pendre qn/qc à qc	jdn/etw. an etw. aufhängen	
*se pendre	sich erhängen	
pénétrer (dans qc)	(in etw.) eindringen	11
penser (à qn/qc)	(an jdn/etw.) denken	3
penser de	denken über/ halten von	
penser faire qc	beabsichtigen, etw. zu tun	
penser à faire qc	nicht vergessen, etw. zu tun	
percer qc	etw. durchbohren	12
percevoir qc	etw. wahrnehmen	73
perdre qc	etw. verlieren	17
*se perdre	sich verirren, sich verlaufen	
perfectionner qc	etw. verbessern, vervollkommnen	3
*se perfectionner	sich verbessern; sich weiterbilden	
perforer qc	etw. durchlöchern, perforieren	3
*se **périmer**	ablaufen	3
périr	umkommen	22
permettre qc à qn	jdm etw. erlauben	43
permettre à qn de faire qc	jdm erlauben, etw. zu tun	
*se permettre qc	sich etw. erlauben	
perpétuer qc	etw. verewigen	3
*se perpétuer	sich fortsetzen, fortbestehen	
persécuter qn	jdn verfolgen	3
persévérer (dans qc)	durchhalten, nicht aufgeben; in etw. nicht nachlassen, auf etw. beharren	11
persister dans qc	auf etw. bestehen	3
persister à faire qc	etw. weiterhin tun	
personnifier qc	etw. personifizieren	3
persuader qn de (faire) qc	jdn von etw. überzeugen, überreden; jdn überzeugen, etw. zu tun	3
perturber qc	etw. stören, durcheinander bringen	3
pervertir qc	etw. verderben, entarten	22
peser qn/qc	jdn/etw. wiegen	7
*se peser	sich wiegen	
pester contre qn/qc	auf/über jdn/etw. schimpfen	3
pétiller	sprudeln, perlen	3
*se **pétrifier**	erstarren	5
peupler qc	etw. bevölkern	3
*se peupler	sich bevölkern	
philosopher	philosophieren	3

photocopier – positiver

photocopier qc	etw. fotokopieren	5
photographier qn/qc	jdn/etw. fotografieren	5
piaffer	ungeduldig von einem Fuß auf den anderen treten	3
pianoter	herumklimpern; herumtippen	3
picoler *fam.*	einen picheln, bechern	3
piéger qn	jdm eine Falle stellen	11
piétiner	auf der Stelle treten, nicht vorankommen	3
piller qc	etw. plündern	3
piloter qc	etw. steuern, lenken	3
pimenter qc	etw. pfeffern	3
pincer (qn/qc)	(jdn/etw.) zwicken, kneifen	12
pique-niquer	picknicken	3
piquer qn/qc	jdn/etw. pieksen, stechen	3
*se piquer	sich stechen	
pirater	Piraterie betreiben	3
pisser *fam.*	pinkeln	3
placer qc	etw. (hin)stellen, (hin)legen	12
*se placer	sich irgendwo hinsetzen/-stellen	
plaider	plädieren, ein Plädoyer halten	3
*se plaindre de qn/qc	sich über jdn/etw. beklagen	33
plaire à qn	jdm gefallen	48
*se plaire à qc	an etw. Gefallen finden	
*se plaire à faire qc	Gefallen daran finden, etw. zu tun	
plaisanter	scherzen	3
planer	(in der Luft) schweben	3
planifier qc	etw. (ein)planen	5
planter qc	etw. pflanzen, aufstellen	3
pleurer	weinen	3
pleurer qn/qc	jdn/etw. beweinen	
pleuvoir	regnen	71
plier (qc)	sich biegen, nachgeben; etw. knicken, falten	5
*se plier à qc	sich einer Sache beugen, nachgeben	
plonger	tauchen	13
poignarder qn	jdn erstechen	3
poivrer (qc)	(etw.) pfeffern	3
polariser	polarisieren	3
polir qc	etw. polieren	22
polluer (qc)	die Umwelt verschmutzen; etw. verschmutzen	3
ponctuer qc	etw. mit Satzzeichen versehen	3
populariser qc	etw. populär machen	3
porter qc	etw. tragen	3
*se porter (bien/mal)	gesundheitlich (gut/schlecht) gehen	
poser qc	etw. stellen, setzen, legen	3
*se poser	sich stellen (Frage, Problem)	
positionner qc	etw. positionieren	3
*se positionner	sich positionieren, platzieren	
positiver (qc)	positiv denken; etw. verbessern	3

127

posséder – prétendre

posséder qc	etw. besitzen	11
poster qn/qc	jdn postieren; etw. zur Post bringen, aufgeben	3
*se poster	sich aufstellen	
postuler qc	etw. fordern	3
***se poudrer**	sich pudern	3
pourrir	(ver)faulen; sich verschlechtern	22
poursuivre qn/qc	jdn/etw. verfolgen; nach etw. streben	54
pousser	wachsen	3
pousser qn/qc	jdn/etw. (an)stoßen, jdn drängen	
pousser qn à faire qc	jdn drängen, etw. zu tun	
pouvoir	können	72
pouvoir faire qc	etw. tun können	
pratiquer qc	etw. praktizieren, betreiben	3
précéder qn/qc	jdm/einer Sache vorangehen	11
prêcher	predigen	3
***se précipiter**	sich hinunterstürzen	3
préciser qc	etw. präzisieren, klarstellen	3
préconiser qc	etw. befürworten	3
prédestiner qn à (faire) qc	jdn für etw. vorherbestimmen; jdn dazu prädestinieren, etw. zu tun	3
prédire qc	etw. vorhersagen	36
prédominer	vorherrschen	3
préférer qc	etw. vorziehen, lieber mögen	11
préférer qn/qc à qn/qc	jdn jdm/eine Sache einer anderen vorziehen	
préférer faire qc	etw. lieber tun	
prélever qc	etw. (Geld) einbehalten, entnehmen	7
prendre qc	etw. nehmen	49
*s'en prendre à qn/qc	jdn/etw. verantwortlich machen	
préoccuper qn	jdn beunruhigen	3
*se préoccuper de qc	sich über etw. Gedanken machen	
préparer qc	etw. vorbereiten, zubereiten	3
*se préparer à (faire) qc	sich auf etw. vorbereiten; sich vorbereiten, etw. zu tun	
prépayer qc	etw. im Voraus bezahlen	14
prescrire qc	etw. vorschreiben; etw. verschreiben (Medikament)	38
prescrire de faire qc	vorschreiben, etw. zu tun	
présenter qn à qn	jdn jdm vorstellen	3
présenter qc	etw. vorstellen, präsentieren	
*se présenter à qn	sich jdm vorstellen	
préserver qc	etw. bewahren, schützen	3
préserver qn de qc	jdn vor etw. schützen	
*se préserver de qc	sich vor etw. schützen	
présider qc	bei einer Sache den Vorsitz führen	3
pressentir qc	etw. ahnen	19
presser (qn)	(jdn) drängen, eilen	3
presser qn de faire qc	jdn bedrängen, etw. zu tun	
*se presser de faire qc	sich beeilen, etw. zu tun	
présumer qc	etw. vermuten	3
présupposer qc	etw. voraussetzen	3
prétendre qc	etw. behaupten	17

prêter – punir

prêter qc à qn	jdm etw. leihen	3
prétexter qc	etw. zum Vorwand nehmen	3
prévenir qn de qc	jdn von etw. benachrichtigen	66
prévoir qc	etw. voraussehen, vorhersagen	75
prier prier qn de faire qc	beten jdn bitten, etw. zu tun	5
priver qn de qc	jdn einer Sache berauben	3
privilégier qn	jdn privilegieren, begünstigen	5
procéder	verfahren, vorgehen	11
proclamer qc	etw. verkünden	3
procurer qc à qn *se procurer de qc	jdm etw. verschaffen, jdm zu etw. verhelfen sich etw. beschaffen	3
produire qc	etw. produzieren, herstellen	28
profiter de qn/qc	jdn/etw. (aus)nutzen	3
programmer qc	etw. programmieren	3
progresser	fortschreiten, sich entwickeln	3
projeter qc projeter de faire qc	etw. planen, projizieren vorhaben, etw. zu tun	10
proliférer	wuchern	11
prolonger qc	etw. verlängern	13
promener qn *se promener	jdn spazieren führen spazieren gehen	8

promettre qc à qn promettre à qn de faire qc	jdm etw. versprechen jdm versprechen, etw. zu tun	43
promulguer qc	etw. verkünden	3
prôner	loben, preisen	3
prononcer qc	etw. aussprechen	12
pronostiquer qc	etw. voraussagen, prognostizieren	3
propager qc	etw. propagieren	13
proposer qc à qn proposer à qn de faire qc	jdm etw. vorschlagen jdm vorschlagen, etw. zu tun	3
proscrire qc	etw. verbieten	38
prospérer	blühen; gut gehen	11
***se prostituer**	sich prostituieren	3
protéger qn/qc	jdn/etw. (be)schützen	11
protester (de qc) protester contre qc	protestieren; etw. beteuern gegen etw. Einspruch erheben	3
prouver qc	etw. beweisen	3
provenir de qc	von etw. kommen, stammen	66
provoquer qn/qc	jdn herausfordern, provozieren; etw. verursachen	3
publier qc	etw. veröffentlichen, herausgeben	5
puer	stinken	3
punir qn	jdn bestrafen	22

qualifier – randonner

Q

qualifier qn/qc	jdn befähigen; etw. benennen, kennzeichnen	5
*se qualifier	sich qualifizieren	
quantifier qc	etw. quantifizieren, in Zahlen fassen	5
***se quereller** (avec qn)	sich (mit jdm) streiten	3
questionner qn	jdn befragen	3
quitter qn/qc	jdn/etw. verlassen	3

R

rabaisser qc	etw. herabsetzen, schmälern, mindern	3
*se rabaisser	sich herabsetzen	
raccompagner qn	jdn zurückbringen	3
raccourcir (qc)	kürzer werden; etw. kürzen	22
raccrocher (qc)	etw. aufhängen; auflegen (Telefon)	3
*se raccrocher à qn/qc	sich an jdn/etw. festklammern	
racheter qc	etw. zurückkaufen	6
racketter qn	jdn erpressen, von jdm Schutzgeld erpressen	3
raconter qc à qn	jdm etw. erzählen	3
***se radicaliser**	sich radikalisieren	3
radier qn/qc	jdn streichen; etw. ausradieren, löschen	5
radiographier qn	jdn röntgen	5
radoucir qn/qc	jdn besänftigen; etw. mildern	22
*se radoucir	milder werden; sich beruhigen	

raffiner qc	etw. verfeinern	3
raffoler de qn/qc	für jdn/etw. schwärmen	3
rafler qc *fam.*	etw. stehlen, plündern	3
rafraîchir qc	etw. (ab)kühlen	22
*se rafraîchir	kühler werden, sich abkühlen; sich erfrischen	
rager *fam.*	sich ärgern, wütend werden	13
raidir qc	etw. (an)spannen (Muskeln)	22
*se raidir	sich anspannen, verkrampfen	
raisonner	urteilen, argumentieren	3
rajeunir (qc)	sich jünger fühlen, sich verjüngen; etw. verjüngen, erneuern	22
*se rajeunir	sich ein jugendliches Aussehen geben	
rajouter qc	etw. hinzufügen	3
ralentir	langsamer fahren, verlangsamen	22
se ralentir	sich verlangsamen	
râler *fam.*	nörgeln, schimpfen	3
***se rallier** à qn/qc	sich jdm/einer Sache anschließen	5
rallonger (qc)	länger werden; etw. verlängern	13
rallumer qc	etw. wieder anzünden	3
ramasser qc	etw. einsammeln, aufheben	3
ramener qn/qc	jdn/etw. zurückbringen	8
ramer	rudern	3
ramper	sich anschleichen	3
randonner	wandern	3

ranger – réchauffer

ranger qc	etw. aufräumen	13
*se ranger	sich einreihen, sich aufstellen	
ranimer qn/qc	jdn wieder beleben; etw. wieder entfachen, wieder in Gang bringen	3
*se ranimer	wieder zu sich kommen	
rapatrier qn	jdn zurückbringen, ausweisen	5
râper qc	etw. reiben	3
rappeler qn	jdn zurückrufen	9
rappeler qc à qn	jdn an etw. erinnern	
rappeler à qn de faire qc	jdn daran erinnern, etw. zu tun	
*se rappeler qn/qc	sich an jdn/etw. erinnern	
rapper	rappen	3
rapporter qc à qn	jdm etw. mit-/zurückbringen	3
*se rapporter à qc	sich auf etw. beziehen	
rapprocher qc	etw. heran-/zusammenrücken	3
*se rapprocher (de qn/qc)	sich näher kommen, sich jdm/einer Sache nähern	
raser qn	jdn rasieren	3
*se raser	sich rasieren	
rassasier qn/qc	jdn satt machen; etw. stillen	5
*se rassasier de qc	sich an etw. satt essen; einer Sache überdrüssig werden	
rassembler qn/qc	(jdn um sich) versammeln; etw. zusammentragen	3
*se rassembler	sich versammeln	
*se rasseoir	sich wieder hinsetzen	67
rassurer qn	jdn beruhigen	3
*se rassurer	sich beruhigen	
rater (qc)	misslingen; etw. verpassen	3

ratifier qc	etw. bestätigen, ratifizieren	5
rationnaliser qc	etw. rationalisieren	3
rationner qc	etw. rationieren, knapp halten	3
rattraper qn/qc	jdn/etw. (wieder) einholen	3
ravager qc	etw. verwüsten	13
ravir qn	jdn begeistern	22
raviver qc	etw. wieder beleben	3
rayer qc	etw. zerkratzen; etw. durchstreichen	14
rayonner	(aus)strahlen	3
*se **réabonner** à qc	das Abonnement bei einer Sache erneuern	3
réactiver qc	etw. auffrischen	3
réagir à qc	auf etw. reagieren	22
réaliser (qc)	etw. verwirklichen, ausführen; begreifen, sich einer Sache bewusst werden	3
réanimer qn	jdn wiederbeleben	3
*se **rebeller** contre qn/qc	sich gegen jdn/etw. auflehnen, gegen jdn/etw. rebellieren	3
rebondir	wieder in Gang kommen	22
récapituler qc	etw. zusammenfassen	3
==**recevoir** qc/qn==	jdn empfangen; etw. bekommen, erhalten	73
recharger qc	etw. wieder aufladen	13
réchauffer qc	etw. aufwärmen	3
*se réchauffer	wärmer werden	

rechercher – redresser

rechercher qn/qc	jdn suchen; etw. erforschen	3
réciter qc	etw. vortragen	3
réclamer qn/qc	nach jdm/etw. verlangen	3
*se réclamer de qn	sich auf jdn berufen	
récolter qc	etw. sammeln; etw. ernten	3
recommander qc à qn	jdm etw. empfehlen	3
recommander à qn de faire qc	jdm empfehlen, etw. zu tun	
recommencer à faire qc	wieder anfangen, etw. zu tun	12
récompenser qn	jdn belohnen, entschädigen	3
recomposer qc	etw. wieder zusammensetzen, neu gestalten	3
réconcilier qn	jdn versöhnen	5
*se réconcilier avec qn	sich mit jdm aussöhnen	
reconduire qn	jdn zurückbringen, nach Haue bringen	28
réconforter qn	jdn trösten, aufrichten	3
reconnaître qn/qc	jdn/etw. wiedererkennen	29
reconquérir qc	etw. zurückerobern	57
reconsidérer qc	etw. noch einmal überdenken	11
reconstituer qc	etw. wiederherstellen	3
reconstruire qc	etw. wieder aufbauen	30
recopier qc	etw. erneut abschreiben	5
recourir à qn	sich (Hilfe suchend) an jdn wenden	58
recourir à qc	etw. in Anspruch nehmen	

recouvrir qc	etw. wieder bedecken, zudecken	60
*se recouvrir	sich wieder zuziehen (Himmel)	
***se récréer**	sich entspannen	4
récrire qc	etw. neu schreiben	38
recruter qn	jdn rekrutieren, einstellen	3
rectifier qc	etw. berichtigen	5
recueillir qc	etw. sammeln; ernten	59
*se recueillir	sich sammeln	
reculer	rückwärts fahren; zurückgehen	3
récupérer qc	etw. wiedererlangen	11
recycler qc	etw. recyceln, wieder aufbereiten	3
***redescendre**	wieder hinuntergehen	17
redescendre qc	etw. wieder hinunterbringen	
***redevenir**	wieder werden	66
rédiger qc	etw. verfassen, redigieren	13
redire qc	etw. nochmals sagen	36
redistribuer qc	etw. neu verteilen	3
redonner qc à qn	jdm etw. zurückgeben	3
redoubler qn	jdn überholen	3
redoubler (qc)	etw. verdoppeln; sitzen bleiben/wiederholen	
redouter qn/qc	jdn/etw. fürchten	3
redouter de faire qc	Angst haben, etw. zu tun	
redresser qn/qc	jdn/etw. wieder aufrichten	3
*se redresser	sich wieder aufrichten; wieder erstarken	

réduire – relâcher

réduire qc	etw. reduzieren, einschränken, beschränken	28
*se réduire à qc	sich auf etw. beschränken	
réécrire qc	etw. neu schreiben	38
rééditer qc	etw. neu auflegen	3
réélire qn	jdn wieder wählen	41
rééquilibrer qc	etw. wieder ins Gleichgewicht bringen	3
refaire qc	etw. erneuern, etw. noch einmal machen	39
*se référer à qn/qc	sich auf jdn/etw. beziehen	11
refermer qc	etw. wieder schließen	3
réfléchir	nachdenken, überlegen	22
réfléchir à/sur qc	über etw. nachdenken	
refléter	zurückstrahlen, reflektieren; widerspiegeln	11
réformer qc	etw. reformieren, erneuern	3
reformuler qc	etw. neu formulieren	3
refouler qn/qc	jdn zurückdrängen; etw. verdrängen, unterdrücken	3
refroidir (qc)	(sich) abkühlen; etw. abkühlen	22
*se refroidir	sich abkühlen	
*se **réfugier** chez qn	sich zu jdm flüchten	5
refuser (qc)	(etw.) ablehnen	3
refuser de faire qc	sich weigern, etw. zu tun	
*se refuser à faire qc	sich weigern, etw. zu tun	
réfuter qc	etw. widerlegen	3

regagner qc	etw. zurückgewinnen	3
regarder qn/qc	jdn/etw. anschauen, betrachten	3
régionaliser qc	etw. regionalisieren	3
réglementer qc	etw. reglementieren	3
régler qc	etw. regeln/klären; etw. begleichen	11
régner	herrschen, regieren	11
régresser	zurückgehen	3
regretter qc	etw. bedauern	3
regretter de faire qc	bedauern, etw. zu tun	
regrouper qc	etw. neu gliedern	3
réhabiliter qn	jdn rehabilitieren	3
*se réhabiliter	sich rehabilitieren	
réimporter qc	etw. reimportieren	3
réinsérer qn	jdn wieder eingliedern	11
*se réinsérer	sich wieder eingliedern	
réintégrer qn	jdn wieder eingliedern	11
réinvestir qc	etw. wieder investieren	
rejeter qc	etw. zurückweisen, verwerfen; etw. zurückwerfen	10
rejoindre qn/qc	jdn einholen; zu etw. zurückkehren	40
*se rejoindre	sich (wieder) treffen	
rejouer qc	etw. erneut spielen	3
réjouir qn/qc	jdn/etw. erfreuen	22
*se réjouir de (faire) qc	sich über etw. freuen; sich freuen, etw. zu tun	
relâcher qn/qc	jdn freilassen; etw. lockern	3
*se relâcher	sich lockern, sich entspannen	

relancer – renverser

relancer qc	etw. zurückwerfen; etw. wieder ankurbeln	12
relater qc	etw. berichten	3
***se relaxer**	sich entspannen	3
relever qc	etw aufheben, aufdecken; etw. schriftlich festhalten	7
relier qc à qc	etw. mit etw. verbinden	5
reloger qn	jdn umquartieren	13
remanier qc	etw. umändern, umgestalten, überarbeiten	5
***se remarier** avec qn	jdn wieder heiraten	5
remarquer qn/qc	jdn/etw. bemerken	3
rembourser qc	etw. erstatten, zurückzahlen	3
remédier à qc	einer Sache abhelfen, etw. beheben	5
remercier qn de/pour qc	jdm für etw. danken, sich bei jdm für etw. bedanken	5
remettre qn/qc	jdn wieder einsetzen; etw. wieder zurückstellen, wieder anziehen	43
remeubler qc	etw. neu möblieren	3
***remonter** remonter qc	wieder hochgehen etw. wieder hochbringen	3
remplacer qn/qc	jdn/etw. ersetzen	12
remplir qc	etw. (aus)füllen; etw. erfüllen	22
remporter qc	etw. gewinnen (Sieg)	3
remuer (qc)	sich bewegen; unruhig werden; etw. bewegen, umrühren	3
rémunérer qn	jdn entlohnen	11
renchérir	sich verteuern	22
rencontrer qn *se rencontrer	jdn treffen, jdm begegnen sich treffen	3
***se rendormir**	wieder einschlafen	18
rendre qc à qn rendre + *adj.* *se rendre à qc/chez qn	jdm etw. zurückgeben machen sich zu etw./jdm begeben	17
***se renfermer** en soi-même	sich in sich zurückziehen	3
renforcer qc *se renforcer	etw. verstärken sich verstärken	12
renier qn/qc *se renier	jdn verleugnen; etw. leugnen sich verleugnen	5
renifler	schnüffeln	3
renoncer (à qn/qc) renoncer à faire qc	(auf jdn/etw.) verzichten, etw. zu tun	12
renouer avec qn/qc	mit jdm wieder Verbindung aufnehmen; an etw. anknüpfen	3
renouveler qc	etw. erneuern	9
rénover qc	etw. renovieren	3
renseigner qn *se renseigner sur qn/qc	jdn informieren, unterrichten sich über jdn/etw. informieren	3
***rentrer** *rentrer dans qc	heimgehen/-kommen; zurückgehen/-fahren gegen etw. fahren	3
renverser qn/qc	jdn/etw. umstoßen, überfahren	3

renvoyer – résoudre

renvoyer qn/qc	jdn entlassen; etw. zurückschicken	24
renvoyer qn de qc	jdn von etw. verweisen	
réorganiser qc	etw. neu ordnen, reorganisieren	3
***se réorienter**	sich neu orientieren	3
***se répandre**	sich verbreiten	17
réparer qc	etw. reparieren	3
reparler à qn	wieder mit jdm sprechen	3
***repartir**	wieder weggehen, wieder abreisen	21
répartir qc	etw. ver-/auf-/zuteilen	22
(*)repasser	wieder vorbeikommen	3
repasser qc	etw. bügeln	
repeindre qc	etw. neu (an)streichen	47
***se repentir** de qc	etw. bereuen	19
*se repentir d'avoir fait qc	bereuen, etw. getan zu haben	
***se répercuter** (sur qc)	widerhallen; sich auf etw. auswirken	3
repérer qn/qc	jdn/etw. ausfindig machen, finden	11
*se repérer (dans qc)	sich (in etw.) zurechtfinden	
répéter qc	etw. wiederholen; etw. proben	11
repeupler qc	etw. wieder bevölkern	3
*se repeupler	neu besiedelt werden	
replier qc	etw. nochmals falten, wieder zusammenfalten	5
*se replier	sich zurückziehen	
répliquer (qc à qn)	(jdm etw.) erwidern	3
répondre à qn/à qc	jdm/auf etw. antworten	17

reporter qc	etw. zurücktragen/-bringen	3
*se reporter à qc	sich auf etw. beziehen	
***se reposer**	sich ausruhen	3
repousser qn/qc	jdn/etw. zurückweisen, zurückdrängen	3
reprendre qc	etw. zurücknehmen; wieder aufnehmen	49
représenter qn/qc	jdn/etw. vertreten; jdn/etw. darstellen, verkörpern	3
*se représenter qc	sich etw. vorstellen	
réprimer qn/qc	jdn unterdrücken; etw. niederschlagen	3
reprocher qc à qn	jdm etw. vorwerfen	3
*se reprocher de faire qc	sich vorwerfen, etw. zu tun	
reproduire qc	etw. wieder erzeugen, vervielfältigen	28
*se reproduire	sich wiederholen; sich fortpflanzen	
réprouver qc	etw. missbilligen	3
réserver qc à qn	jdm. etw. reservieren	3
*se réserver de faire qc	sich vorbehalten, etw. zu tun	
résider	wohnhaft sein	3
***se résigner** (à qc)	resignieren; sich mit etw. abfinden	3
*se résigner à faire qc	sich damit abfinden, etw. zu tun	
résister à qn/qc	jdm/etw. Widerstand leisten	3
résonner	widerhallen	3
résoudre qc	etw. lösen, meistern; etw. beschließen	50
résoudre de faire qc	beschließen, etw. zu tun	
*se résoudre à faire qc	sich entschließen, etw. zu tun	

135

respecter – revenir

respecter qn/qc	jdn/etw. achten, respektieren	3
respirer qc	etw. (ein)atmen	3
responsabiliser qn	das Verantwortungsgefühl von jdm wecken	3
ressembler à qn/qc	jdm/etw. ähneln	3
*se ressembler	sich ähneln	
ressentir qc	etw. spüren, empfinden	19
resserrer qc	etw. fester ziehen; etw. festigen	3
*se resserrer	enger werden; sich festigen	
***ressortir**	wieder hinausgehen, herauskommen	21
restaurer qc	etw. restaurieren	3
***rester**	bleiben	3
restituer qc	etw. zurückgeben, erstatten	3
restreindre qc	etw. einschränken, begrenzen	47
*se restreindre	sich einschränken	
restructurer qc	etw. neu strukturieren	3
résulter de qc	sich aus etw. ergeben, aus etw. folgen	3
résumer qc	etw. zusammenfassen	3
resurgir	wiederauftauchen	22
rétablir qn/qc	jdn wiedereinsetzen; etw. wiederherstellen	22
*se rétablir	sich erholen, wieder gesund werden	
retenir qn/qc	jdn zurückhalten; etw. aufhalten; etw. reservieren	65
*se retenir	sich beherrschen	
retentir	ertönen; widerhallen	22
retirer qc	etw. zurückziehen	3
*se retirer	sich zurückziehen	
***retomber**	zurückfallen, wieder hinfallen	3
retoucher qc	etw. überarbeiten, verbessern	3
***retourner**	zurückkehren, zurückfahren	3
retourner qc	etw. wenden	
*se retourner	sich umdrehen	
retracer qc	etw. nachzeichnen	12
retrouver qn/qc	jdn/etw. wiederfinden; jdn treffen	3
se retrouver	sich wiedertreffen, sich wiederfinden	
réunifier qn	jdn wiedervereinigen	5
***se réunir**	sich versammeln; zusammentreffen	22
réussir	Erfolg haben	22
réussir à qn	jdm gelingen, von Nutzen sein	
réussir à faire qc	gelingen, etw. zu tun	
réutiliser qc	etw. wieder verwenden	3
***se revancher**	sich revanchieren, rächen	3
réveiller qn	jdn (auf)wecken	3
*se réveiller	aufwachen	
révéler qc	etw. enthüllen, aufdecken	11
*se révéler	sich herausstellen, erweisen	
revendiquer qc	etw. fordern	3
revendre qc	etw. wieder verkaufen	17
***revenir**	zurückkommen	66
*revenir faire qc	zurückkommen, um etw. zu tun	

136

rêver – sangloter

rêver (de qn/qc)	(von jdm/etw.) träumen	3
rêver à qc	über etw. nachdenken	
rêver de faire qc	davon träumen, etw. zu tun	
réviser qc	etw. wiederholen; etw. überprüfen	3
revivre qc	etw. wieder erleben, noch einmal durchmachen	56
revoir qn/qc	jdn/etw. wiedersehen	75
*se revoir	sich wiedersehen	
***se révolter** (contre qn/qc)	sich (gegen jdn/etw.) auflehnen	3
***se rhabiller**	sich wieder anziehen; sich neu einkleiden	3
ricaner	hämisch lachen	3
ridiculiser qn	jdn lächerlich machen	3
*se ridiculiser	sich lächerlich machen	
rigoler *(fam.)*	lachen	3
rimer avec qc	sich mit etw. reimen	3
rire	lachen	51
risquer qc	etw. wagen, riskieren	3
risquer de faire qc	Gefahr laufen, etw. zu tun	
ritualiser qc	etw. ritualisieren	3
rivaliser avec qn/qc	sich mit jdm messen; sich mit etw. messen können	3
rôder	umherstreifen, sich herumtreiben	3
rompre qc	etw. brechen, ab-/ durchbrechen	52
rompre avec qn	mit jdm Schluss machen	
ronfler	schnarchen	3
ronger qc	an etw. nagen; etw. zerfressen	13
ronronner	schnurren, brummen	3
rôtir qc	etw. braten, schmoren, grillen	22
rougir	erröten	22
rouiller	rosten	3
*se rouiller	(ver)rosten, einrosten	
rouler	fahren	3
rouvrir qc	etw. wieder aufmachen	64
rugir	brüllen	3
ruiner qn/qc	jdn/etw. zugrunde richten, ruinieren	3
*se ruiner	sich ruinieren	

S

saboter qc	etw. sabotieren	3
sacrifier qc	etw. opfern	5
*se sacrifier (à/ pour qc)	sich (für etw.) (auf)opfern	
saigner	bluten	3
saisir qn/qc	jdn/etw. ergreifen	22
salarier qn	jdn besolden	5
saler qc	etw. (ein)salzen	3
salir qn/qc	jdn/etw. beschmutzen	22
*se salir (les mains)	sich (die Hände) schmutzig machen	
saluer qn	jdn (be)grüßen	3
*se saluer	sich begrüßen	
sanctionner qn/qc	jdn bestrafen; etw. gutheißen, bestätigen	3
sangloter	schluchzen	3

137

se saouler/soûler – situer

*se saouler/soûler *fam.*	sich besaufen	3
satisfaire qn/à qc	jdn zufrieden stellen; einer Sache genügen	39
sauter	springen, hüpfen; in die Luft fliegen	3
sauvegarder qc	etw. schützen; (Daten) sichern	3
sauver qn/qc *se sauver	jdn/etw. retten weglaufen, sich davon machen	3
savoir savoir faire qc	wissen; können etw. tun können	**74**
savourer qc	etw. genießen	3
scander	skandieren, im Sprechchor rufen	3
scanner qc	etw. scannern	3
sceller qc	etw. versiegeln	3
scier qc	etw. absägen	5
scintiller	funkeln, glänzen	3
scolariser qn	jdn einschulen	3
scotcher qc	etw. mit Tesafilm festkleben	3
scruter qc	etw. genau prüfen	3
sécher sécher qc *se sécher	trocken werden etw. (ab)trocknen sich (ab)trocknen	11
seconder qn	jdm beistehen	3
secouer qn/qc	jdn/etw. schütteln	3
secourir qn	jdm zur Hilfe eilen	58
sécuriser qn	jdm ein Gefühl der Sicherheit verleihen	3
séduire qn	jdn verführen	28
séjourner	sich aufhalten, bleiben	3
sembler	scheinen	3
semer qc	etw. säen	7
sensibiliser qn à qc	jdn für etw. sensibilisieren	3
sentir qc *se sentir	etw. fühlen, riechen sich fühlen	**19**
séparer qc (de qc) *se séparer (de qn)	etw. (von etw.) trennen sich (von jdm) trennen	3
séquestrer qn/qc	jdn einsperren; etw. beschlagnahmen	3
serpenter	sich schlängeln, sich winden	3
serrer qn/qc *se serrer	jdn/etw. umklammern; enger zusammenrücken	3
servir (à qc) servir qn servir qc à qn *se servir de qn/qc	(zu etw.) dienen; zu etw. nützen, nützlich sein; aufschlagen (Tennis) jdn bedienen jdm etw. servieren sich einer Person/ Sache bedienen	**20**
siéger	tagen; seinen Sitz haben	11
siffler	pfeifen	3
signaler qc à qn	jdn auf etw. aufmerksam machen	3
signer qc	etw. unterschreiben	3
signifier qc	etw. bedeuten, heißen	5
simplifier qc	etw. vereinfachen	5
simuler qc	etw. simulieren	3
situer qc *se situer (à)	etw. einordnen, situieren liegen, seinen Platz haben; spielen (in)	3

skier – stimuler

skier	Ski fahen	5
soigner qn/qc	jdn/etw. pflegen; jdn/etw. versorgen	3
solder	den Preis herabsetzen	3
***se solidariser** avec qn/qc	sich mit jdm solidarisieren; sich mit etw. einverstanden erklären	3
solliciter qc	um etw. nachsuchen, bitten; etw. erregen	3
solliciter qn de faire qc	jdn bitten, etw. zu tun	
somnoler	halb schlafen, vor sich hin dösen	3
sonder qc	etw. sondieren	3
songer à qn/qc	an jdn/etw. denken	13
songer à faire qc	daran denken, etw. zu tun	
sonner	klingeln	3
***sortir** (de qc)	(aus etw.) hinausgehen/-kommen; ausgehen	21
sortir qc	etw. herausbringen	
sortir qc de qc	etw. aus etw. heraus-/hervorholen	
***se soucier** de qn/qc	sich um jdn/etw. kümmern	5
souffler	wehen, blasen	3
souffler qc à qn	jdm etw. zuflüstern	
souffrir (de qc)	(unter/an etw.) leiden	64
souhaiter qc (à qn)	(jdm) etw. wünschen	3
souhaiter faire qc	wünschen, etw. zu tun	
soulager qn/qc	jdn/etw. erleichtern	13
soulever qc	etw. (hoch)heben	7
*se soulever	aufstehen; sich heben; sich auflehnen	
souligner qc	etw. unterstreichen, betonen	3
soumettre qn/qc	jdn unterwerfen; etw. unterbreiten	43
*se soumettre (à qc)	sich (einer Sache) unterwerfen, beugen	
soupçonner qn (de qc)	jdn (einer Sache) verdächtigen	3
*soupçonner qn d'avoir fait qc	jdn verdächtigen, etw. getan zu haben	
souper	zu Abend essen	3
soupirer	seufzen	3
sourire (à qn)	lächeln; jdn anlächeln	51
sous-estimer qn/qc	jdn/etw. unterschätzen	3
sous-payer qn	jdn unterbezahlen	14
sous-titrer qc	etw. mit Untertiteln versehen	3
soustraire qc	etw. subtrahieren, abziehen	37
soutenir qn/qc	jdn/etw. unterstützen; sich für jdn/etw. einsetzen	65
*se soutenir	sich unterstützen	
***se souvenir** de qn/qc	sich an jdn/etw. erinnern	66
***se spécialiser**	sich spezialisieren	3
sponsoriser qn/qc	jdn/etw. sponsorisieren	3
stabiliser qn/qc	jdn/etw. stabilisieren	3
*se stabiliser	sich stabilisieren, festigen	
standardiser qc	etw. standardisieren	3
stationner	parken	3
stériliser qn/qc	jdn/etw. sterilisieren	3
stigmatiser qn/qc	jdn/etw. stigmatisieren, brandmarken	3
stimuler qn	jdn anspornen, stimulieren	3

139

stopper – symboliser

stopper qn/qc	jdn/etw. stoppen, anhalten	3
stresser qn	jdn stressen	3
structurer qc	etw. gliedern, sturkturieren	3
stupefier qn	jdn verblüffen	5
subir qc	etw. ertragen, hinnehmen müssen	22
subordonner qn/qc	jdn/etw. unterordnen	3
subsister	weiter bestehen, überleben	3
substituer qn/qc	jdn/etw. ersetzen	3
subvenir à qc	für etw. aufkommen	66
subventionner qc	etw. subventionieren	3
succéder à qn/qc	auf jdn/etw. folgen	11
succomber	zusammenbrechen, sterben	3
sucer qc	etw. lutschen, saugen	12
sucrer qc	etw. süßen	3
suer (de qc)	(vor etw.) schwitzen	3
suffire	ausreichen, genügen	53
suffoquer	ersticken, keine Luft mehr bekommen	3
suggérer qc à qn	jdm etw. nahelegen, vorschlagen	11
*se **suicider**	Selbstmord begehen	3
suivre qn/qc	jdm/etw. folgen	54
*se **suivre**	aufeinander folgen	
*se **superposer**	sich überlagern	3
superviser qc	etw. beaufsichtigen, überwachen	3

supplier qn supplier qn de faire qc	jdn inständig bitten jdn anflehen, etw. zu tun	5
supporter qn/qc se supporter	jdn/etw. ertragen miteinander auskommen	3
supposer (qc)	annehmen; etw. vermuten	3
supprimer qc	etw. beheben, beseitigen	3
surcharger qn/qc	jdn/etw. überladen, überlasten	13
surestimer qn/qc	jdn/etw. überschätzen, zu hoch einschätzen	3
surfer	surfen	3
surgeler qc	etw. tiefkühlen	7
surgir	plötzlich auftauchen	22
surmonter qc	etw. überwinden	3
surpayer qc	etw. überbezahlen, zu teuer bezahlen	43
surprendre qn	jdn überraschen	49
sursauter	zusammenzucken	3
surveiller qn/qc	jdn/etw. überwachen	3
*** survenir**	unerwartet eintreten	67
survivre à qn/qc	jdn/etw. überleben	56
survoler qc	etw. überfliegen	3
susciter qc	etw. erregen, hervorrufen, verursachen	3
suspecter qn	jdn verdächtigen	3
suspendre qc	etw. aufhängen; etw. unterbrechen	49
symboliser qc	etw. symbolisieren	3

sympathiser – tourner

sympathiser avec qn	mit jdm sympathisieren	3
sytématiser qc	etw. systematisieren	3

T

tâcher de faire qc	versuchen, etw. zu tun	3
taguer	Graffiti anbringen, sprühen	3
tailler qc	etw. zuschneiden	3
*se taire	schweigen	55
tamiser qc	etw. durchsieben; etw. dämpfen (Licht)	3
tamponner qc	etw. (ab)stempeln	3
taper (qn)/qc	(jdn) schlagen, klopfen; etw. tippen	3
taquiner qn	jdn necken, hänseln	3
tarder (à faire qc)	trödeln, auf sich warten lassen; zögern, etw. zu tun	3
tâter qn/qc	jdn/etw. befühlen, be-/abtasten; etw. sondieren	3
tatouer qn	jdn tätowieren	3
taxer qc	etw. besteuern	3
tchatcher *fam.*	quatschen	3
teindre qc *se teindre les cheveux	etw. färben sich die Haare färben	47
télécharger qc	etw. herunterladen	13
télécommander qc	etw. mit Fernbedienung steuern	3
téléphoner téléphoner à qn	telefonieren mit jdm telefonieren, jdn anrufen	3
témoigner qc	etw. bezeugen	3

tendre qc tendre à faire qc	etw. spannen darauf abzielen, etw. zu tun; letztlich etw. tun	17
tenir qn/qc tenir à qn/à qc tenir à faire qc *s'en tenir à qc	jdn/etw. halten auf jdn/etw. Wert legen Wert darauf legen, etw. zu tun sich an etw. (fest) halten	65
tenter (de faire qc)	versuchen, wagen (etw. zu tun)	3
terminer qc *se terminer	etw. beenden, etw. fertigstellen enden	3
ternir qc	etw. ausbleichen, verblassen lassen	22
terrifier qn	jdn in Angst und Schrecken versetzen	5
terroriser qn	jdn terrorisieren	3
tester qc	etw. testen	3
timbrer qc	etw. frankieren	3
tinter (qc)	bimmeln, (etw.) läuten	3
tirer qc *s'en tirer	etw. ziehen davonkommen	3
tisser qc	etw. weben	3
tolérer qn/qc	jdn/etw. tolerieren, ertragen	11
*tomber	fallen	3
tordre qc *se tordre	etw. (ver)drehen sich krümmen, winden	17
torturer qn	jdn foltern	3
toucher qn/qc	jdn/etw. berühren, jdn/etw. anfassen	3
tourmenter qn *se tourmenter	jdn quälen, jdm Kummer bereiten sich Sorgen machen	3
tourner (qc) *se tourner	sich drehen; abbiegen; etw. (um)drehen sich umdrehen	3

tousser – vacciner

tousser	husten	3
tracasser qn	jdm Kummer/Sorgen bereiten; jdn schikanieren	3
*se tracasser	sich um jdn/etw., wegen jdm/etw. Sorgen machen	
traduire qc	etw. übersetzen	28
trafiquer qc	etw. fälschen; mit etw. Schwarzhandel treiben	3
trahir qn	jdn verraten	22
*se trahir	sich verraten	
traîner *fam.*	herumhängen, trödeln	3
traiter qc	etw. behandeln, bearbeiten	3
traiter qn de + *nom*	jemanden einen … nennen	
traiter de qc	von etw. handeln	
trancher qc	etw. durchschneiden	3
transcrire qc	etw. übertragen, abschreiben	38
transférer qc	etw. übertragen, weiterleiten	11
transformer qc (en qc)	etw. verändern, umformen; etw. in etw. verwandeln	3
*se transformer	sich verändern	
transmettre qc à qn	jdm etw. übermitteln, weitergeben	43
transpirer	schwitzen	3
transporter qn/qc	jdn/etw. transportieren	3
travailler (sur qc)	(an etw.) arbeiten	3
traverser qc	etw. überqueren	3
trébucher	stolpern	3
trembler	zittern	3
tremper qc	etw. einweichen, eintunken	3
tressaillir	zusammenzucken; erzittern	22
tricher	schummeln, mogeln; betrügen	3
tricoter (qc)	(etw.) stricken	3
trier qc	etw. (aus)sortieren, trennen (Müll)	5
trinquer à qc	auf etw. anstoßen	3
triompher (de qn/qc)	(über jdn/etw.) triumphieren, siegen	3
tripler	sich verdreifachen	3
tromper qn	jdn täuschen, betrügen	3
se tromper (de qn/qc)	sich (in jdm/etw.) täuschen, irren	
trôner	thronen	3
troubler qn	jdn stören, verwirren	3
trouer qc	etw. durchlöchern	3
trouver qn/qc	jdn/etw. finden	3
*se trouver	sich befinden	
tuer qn	jdn töten, jdn umbringen	3
*se tuer	sich töten; umkommen	
tutoyer qn	jdn duzen	15
*se tutoyer	sich duzen	
tyranniser qn	jdn tyrannisieren	3

U

unir qn/qc	jdn/etw. vereinigen, verbinden	22
*s'unir	sich vereinigen	
urbaniser qc	etw. urbanisieren	3
s'urbaniser	sich verstädtern	
user qc	etw. abnutzen	3
user de qc	etw. gebrauchen, anwenden	
*s'user	sich abnutzen, verschleißen	
utiliser qn/qc	jdn ausnutzen; etw. verwenden, benutzen	3

V

vacciner qn	jdn impfen	3

vaciller – zapper

vaciller	taumeln, schwanken	3
vagabonder	vagabundieren	3
vaincre qn/qc	jdn/etw. besiegen	31
valider qc	etw. rechtsgültig machen; etw. entwerten (Fahrschein)	3
valoir	kosten, wert sein	70
valser	Walzer tanzen	3
vanter qn *se vanter de (faire) qc	jdn rühmen mit etw. prahlen; sich rühmen, etw. zu tun	3
vaporiser	verdampfen	3
varier	sich (ver)ändern	5
végéter	dahinvegetieren	11
veiller (qn) veiller à qc	wachen, wach bleiben; bei jdm wachen auf etw. achten, für etw. sorgen	3
vendre qc à qn *se vendre	jdm etw. verkaufen sich verkaufen (lassen)	17
venger qn/qc *se venger de qn/qc	jdn/etw. rächen sich an jdm/für etw. rächen	13
*venir (faire qc) venir de faire qc	kommen (um etw. zu tun) gerade etw. getan haben	66
vérifier qc	etw. überprüfen, kontrollieren	5
vernir qc	etw. lackieren	22
verrouiller qc *se verrouiller	etw. verriegeln sich einschließen	3
verser qc	etw. (um)stürzen; eingießen	3
vexer qn	jdn kränken, beleidigen	3
vibrer	vibrieren	3
vider qc *se vider	etw. leeren auslaufen, leer laufen; sich leeren	3
vieillir	alt/älter werden	22
violer qn/qc	jdn vergewaltigen; etw. verletzen, gegen etw. verstoßen	3
virer virer qn *fam.*	sich drehen, wenden; umschlagen jdn feuern	3
viser viser qn/qc viser à faire qc	zielen auf jdn/etw. zielen; nach etw. trachten darauf abzielen, etw. zu tun	3
visiter qc	etw. besichtigen, besuchen	3
visualiser qc	etw. sichtbar machen	3
vivre (qc/de qc)	(von etw.) leben; etw. erleben	56
voiler qc/qn *se voiler	jdn/etw. verschleiern sich verschleiern	3
voir qn/qc *se voir	jdn/etw. sehen sich sehen, sich treffen	75
voler (qc)	fliegen; etw. stehlen	3
vomir	sich übergeben	22
voter (pour qn/qc) voter qc	(jdn) wählen, seine Stimme abgeben (für jdn/etw.) für etw. stimmen; etw. bewilligen	3
vouer *se vouer à qc	geloben, schwören sich einer Sache widmen	3
vouloir (faire) qc en vouloir à qn	etw. (tun) wollen jdm böse sein	76
vouvoyer qn *se vouvoyer	jdn siezen sich siezen	15
voyager	fahren, reisen	13

Z

zapper	zappen	3

143

Grammatik leichter lernen!

Die neuen Grammatiken von Klett

Basisgrammatik Französisch
Die gesamte Grammatik der **Sekundarstufe I** für Schüler ab dem 2. Lernjahr.
Selbstständig Lücken in der Grammatik schließen. Der altersgerechte Aufbau, funktionale Fotos, signalgrammatische Zusammenfassungen und Übungen zur Selbstkontrolle am Anfang und Ende jedes Kapitels machen die Grammatik besonders übersichtlich und benutzerfreundlich.
ISBN 978-3-12-521708-9

Oberstufengrammatik Französisch
Der gesamte grammatische Lernstoff der **Sekundarstufen I und II** in systematischer Form, differenziert dargeboten durch eine spezielle Farbgebung der Regeln: zunächst das „Grundwissen" (Sek. I), dann das „Aufbauwissen" (Sek. II). In jedem Kapitel spezielle Hilfen zur Vermeidung typischer Fehler sowie Tipps und Hinweise zur Verbesserung des Ausdrucksvermögens.
ISBN 978-3-12-520932-9

Ernst Klett Verlag, Postfach 10 26 45, 70022 Stuttgart
Telefon: 01 80 · 2 55 38 82*, Fax: 01 80 · 2 55 38 83*

www.klett.de
* 6 ct/Anruf, Fax im Festnetz T-Com, Mobilfunkpreise abweichend, eine Servicenummer der QSC AG